中山市萤火虫社会工作服务中心
中山市左右心理咨询服务中心

当下教育

邹中香　邱芸芸　梁春梅　◎主编

北方妇女儿童出版社
·长春·

图书在版编目（CIP）数据

当下教育 / 邹中香，邱芸芸，梁春梅主编. -- 长春：
北方妇女儿童出版社，2019.4
ISBN 978-7-5585-1794-5

Ⅰ．①当… Ⅱ．①邹… ②邱… ③梁… Ⅲ．①青少年
教育－家庭教育 Ⅳ．①G782

中国版本图书馆CIP数据核字(2019)第051212号

当下教育
DANGXIA JIAOYU

出 版 人	刘　刚
策 划 人	师晓晖
责任编辑	熊晓君
封面设计	清　风
开　　本	880mm×1230mm　1/32
印　　张	6
字　　数	120千字
版　　次	2019年4月第1版
印　　次	2019年4月第1次印刷
印　　刷	宁夏润丰源印业有限公司
出　　版	北方妇女儿童出版社
发　　行	北方妇女儿童出版社
地　　址	长春市龙腾国际出版大厦
电　　话	总编办：0431-81629600
	发行科：0431-81629633

定　　价　36.00元

关于团队

中山市萤火虫社会工作服务中心

中山市萤火虫社会服务中心成立于 2012 年 6 月，是经中山市民政局批准成立的为政府和社会提供综合性、专业性社会工作服务和管理的民办非营利机构。机构致力培育和形成良好的社会工作文化氛围，打造敬业、专业的社工团队，提供优质的专业服务为目标，力争打造社会工作发展、实践的平台。

本中心服务范围：青少年成长发展领域、居家养老领域、家庭亲子关系等。

中山市左右心理咨询服务中心

本中心成立于 2013 年 5 月，是经中山市民政局批准成立的民办非企业单位。左右心理有三层含义：一、人类的痛苦纠结无不是二元对立导致，所以左右心理意指不择左右两边，而是保持中立。即超越二元对立，提醒我们看到在是与非、对与错、善与恶、好与坏等等对立之下的统一；二、左右心理，即提升意识的意思，提升我们每个生命的个体意识，创造自己偏好的人生；三、提升集体意识。即每个个体的意识的提升，推动集体意识的提升，集体意识又支持个体意识的提升。从"我"走向"我们"的一体意识，以便创造出无限美好的人类和谐家园。几年来，左右心理服务遍布三乡镇内、中山市内、广州市、江西省等周边省市，服务领域涉及：孤寡老人、临终关怀、禁毒戒毒、单亲家庭、留守儿童等。

编委会

主　编

邹中香，笔名香爱，中山市萤火虫社会工作服务中心理事长；中山市左右心理咨询服务中心理事长、首席咨询师，著有《所有情绪都是爱》《创造者》等专著。

副主编

丘芸芸，中山市萤火虫社会工作服务中心总干事，助理社工师。

梁春梅，中山市左右心理咨询服务中心理事长助理，国家二级心理咨询师，助理社工师，中山强制戒毒所项目负责人。

编　委

邹四香：国家二级心理咨询师，中山市萤火虫社会工作服务中心理事。

李翠华：助理社工师，中山市萤火虫社会工作服务中心项目主任，三乡理工学校社工站负责人。

郑宝欣：助理社工师，中山市萤火虫社会工作服务中心项目主任，统筹管理三乡圩仔社区"爱学堂——圩仔430青少年素质教育""圩仔居家养老"项目。

张少媚：助理社工师，中山市萤火虫社会工作服务中心社工，三乡理工学校社工。

郑美婷：助理社工师，中山市萤火虫社会工作服务中心社工，圩仔居家养老社工。

阮焯坪：国家三级心理咨询师，中山市萤火虫社会工作服务中心社工，三乡理工学校社工。

苏妮红：社工实习生，参与圩仔社区"爱学堂——圩仔430青少年素质教育""童心坊"儿童项目。

李桂明：社工实习生，参与圩仔社区居家养老项目。

中山市萤火虫社会工作服务中心

萤火虫个子虽小，散发的光芒也有限，但她具足宇宙中一切信息与智慧，她什么也不缺。这便是宇宙全息律。

她代表的是一种个体意识，在人类集体意识之中，她像大海中的水滴，而一个水滴中包含着整个大海的品质。

萤火虫社工机构的创办缘由和初衷：

* 成为活的教导；
* 点燃希望的灯火；
* 结伴送光明到黑暗，影响更多生命一起进化。

萤火虫社工机构致力于青少年成长领域的探索，开展"爱学堂——圩仔430青少年素质教育"项目有五年多，服务数百名学生和家长；开展"三乡理工学校反校园欺凌"项目，构建和谐校园。

中山市左右心理咨询服务中心

左右心理，有三层意思：

人类的痛苦纠结无不是二元对立导致，若不择左右两边，而是保持中观，即超越二元对立，我们便能看到在是与非、对与错、善与恶、好与坏等等对立之下的统一。

左右心理，即提升意识。提升每个生命的个体意识，创造自己偏好的人生。

提升集体意识。即每个个体意识的提升，推动集体意识的提升，集体意识又支持个体意识的提升。从"我"走向"我们"的一体意识，便创造出无限美好的人类和谐家园。

左右心理与萤火虫社工机构携手致力于青少年成长领域的探索与发展，并涉足禁毒领域、养老等领域。

导　读

谢谢邹老师及团队给我这个机会，为《当下教育》作序。

我从事了二十多年的青少年工作，看到青少年不少的问题，不禁时常问，到底他们为什么出事？我觉得教育是其中一个关键，特别是老师的表现，直接影响青少年的成长。我曾看到一个很好的老师，她表面对学生十分严格，但内心对学生却是充满爱，她用了大部分的工资，资助学校内孤儿的学习费用，协助他们完成不同阶段的学业，这样的教育者，真正成为学生的榜样，用行动影响他们如何用爱接触世界。

我更佩服一所中学的校长，他协助学生们成长及自主，他放手及不干预，让学生会制定校规，所以每一年的学生会成立后，首要的任务便是制定校规，校规最少的那一年，竟然只有三条校规，但违规的事件却不是很多，学生们在制定校规时，已经懂得自主，不易违规。那位校长实在达到了圣人老子所云的"无为而无不为"的境界。这正是《当下教育》中的一个理念。

书中亦有提及生命教育这个课题，《当下教育》中提供了不少有关生命教育的事例，真正可以为社工、专业助人者及教育工作者、学生们带来指引。

书中实在有很多值得大家参考的东西，经常有社工问我有没有一些实例，书中正好为社工、其他专业助人者、师生们、家长

提供了大量的、优质的例子。

　　诚意为大家推荐《当下教育》。

二〇一八年一月·香港

　　（本文作者吴汉燊，为中山市萤火虫社会工作服务中心学校社会工作督导）

与当下共舞

深夜，忙完一天的期末总结，来读《当下教育》，作为一个"道行"不深的教育者，这本书给我的教育观带来极大的冲击。

我是一名乡村中学教师，为鼓励学生好好学习，经常会对我的学生说："以后你们会……将来你们会……"而大部分学生以不在乎、无所谓的态度与表现回应我，像是在向我宣告"反正未来不知道是什么样子，反正我还很年轻"。尽管我很努力强调，甚至给他们的未来描绘美好的蓝图。

《当下教育》不禁令我思考我的教学理念，提醒我回到当下教育，当然我不是说就不谈未来了，当下教育就是未来教育。

书中提及校园欺凌，令我印象着实深刻，校园欺凌不仅是指存在于学生间的言语侮辱和肢体冲突，原来我们老师的某些绝对的话或者同学间开玩笑也有可能形成欺凌，令我耳目一新。在我前段时间的一次课上我讲解艾滋病的一些知识点，被一个学生接话："珍爱生命，远离某某同学。"结果引起了同学间的言语欺凌，后来发展为肢体冲突，当时我并未意识到这是一种欺凌，直到看到《当下教育》，我检视自己并觉察，这其实已经形成严重的欺凌了。

"心时代教育"这一章节，我的理解是根据学生各个年龄阶段心理特点带着不批判的眼光引导学生认知自己，检视自己，做真实的自己，首先作为老师的我们，包括家长就要做好活的教导，提升自己的意识。

书中大量的教育案例令我受益匪浅。在我以往研读的教育书籍

中，更多的是叫我们老师不应该怎样对待学生，但是我仍觉困惑，《当下教育》引入大量的、有针对性的案例，且分享了具体的做法，这正是我苦寻已久的。

更值得欣慰的是，在本书中我找到了前所未有的归属感。社会普遍认知"教育教育，教师首当其冲"。教育应该是教师、家长、学生共舞的过程，本书将家长纳入教育者行列，并引用大量现实案例给予家长指导，我着实欣慰。

夜深，诚意读此书，有感而发，文笔粗糙，望海涵！

梁旭梅·四川
二〇一八年一月二十五日·深夜

"我期待"

我是在读大学生。《当下教育》简直刷新了我以往所有的认知。每一章的内容与实例都与我的学习、生活相关,我的疑惑,能从书本里找到答案,无论在学习上、生活上、未来的职业选择上、交友恋爱上,都给予我很大的信心与指引。

例如"认识你自己"这一章节中,我第一次认识到真正的自己原来是意识,而不是我以前认为的别人的认可与评价、我的思想、情绪、身份地位等,以前我认为的这些东西,都只不过是我的生活情境,它们不等于我!这让我马上力量倍增,自卑感降低。

教育要在当下,人更要活在当下,这是全书的中心思想,用易懂的实例与十几个自助的练习,告诉我们如何活在当下。阅读整本书之后,我发现意识得到了极大提升。它不仅在谈教育,更是在谈人生各个方面。

例如"心时代教育、你是谁、情绪、完美的爱情"等章节,告诉了我,这是一个走心的时代,那么就要了解自己究竟是谁;情绪来临时要如何观察与应对;完美的爱情是包含了苦辣酸甜等各种滋味的;那些案例颠覆了我所学的知识,然而,读来就像是从自己心底里发出来的、熟悉的但又遗忘了的声音。

书里既有简单易操作的冥想和练习,又有故事和案例,语言简洁易理解,连小学生都读得懂。我最享受的是第八章的十一个自助练习,每一个练习都能马上让我从烦恼中出来,回到当下。

我期待:《当下教育》能够登上中国基础教育的大雅之堂,支持教育者、家长、学生们提升意识。

我期待:教育者与学生共同学习,用知识服务意识的觉醒,享受每个当下。

我期待:《当下教育》能够为中国教育的觉醒,添砖加瓦。

祝愿我们的祖国带领世界人民共同走向繁荣昌盛,平安富足。

李桂明
二○一八年一月

当下教育

当下，即此时此地。不是过去的上一秒、上一天、上一年，也不是未来的别处。

让我们来感受一下什么是当下吧：有学生在课堂上说话，你烦躁地对他说："你总是打断我上课。"这个"总是"便是脱离了当下，没有就事论事，而是跟过去过不去。"你这个样子将来怎么办？"这个"将来"便是脱离了当下，并未根据此时此地就事论事，便是在这个当下创造了一个叫作"未来"的枷锁。

每个当下都是崭新的、唯一的！一个一个崭新的、唯一的当下，串在一起便是一生。

那什么是当下的教育呢？

一、集体意识的觉醒。它决定着人类整体生命的品质，更决定着教育的品质。教育应是集体意识共舞的过程。提升教育者、家长自身的意识，是教育的基础、核心、终极目标，在此书中特意分享了我们的探索与发现，浓缩成28个字：意识与知识互助，创造与回归同步，教育者成为榜样，学生们成长自主。

"意识与知识互助"。"意识"有很多称谓，有的称它为"觉知"；圣人老子称它为"道"；心理学上称为"心理""本我"；灵性上称为"真我"，它无形无相，看不见摸不着，但真实存在。

以下是"意识与知识互助"的实例：

五年级的小娜忧愁地问："我的爸爸妈妈总是给哥哥很大压力，我感觉哥哥很不开心，我要如何帮助他？"

　　我分别问了她四个问题："你是否愿意相信哥哥有能力自己应对？你愿意让他自己去与爸爸妈妈沟通吗？你愿意将哥哥不开心的权利留给他自己吗？你愿意成为哥哥快乐的榜样吗？"

　　她惊讶地点头："知心姐姐，我明白了，你是说哥哥的不开心也是有正面意义的，是吗？我喜欢你说的快乐的榜样。现在我突然感觉到不担心哥哥了。这是为什么？"

　　"因为你的看法变了，由原来的担心变成了信任哥哥有能力了。而且你明白了原来成为快乐的榜样也是在爱哥哥了。这就是你的意识提升，就好像你的大脑突然升级了。"我回应。

　　"太好了，知心姐姐，我还想学习这样的知识，我也想成为和你一样的知心的人。我想当你的徒弟……"她双眼发光。

　　本例中的"将不开心的权利留给哥哥自己；你成为快乐的榜样；相信哥哥有能力自己沟通"等知识点，拓宽了小娜的心灵空间，即意识提升了。因此，意识的提升，同时又促使她自主想去深入学习相关知识。如此，学习知识便变成了一个自主自发的享受过程，而非一种负担。

　　"创造与回归同步"。创造是指人使用自然界的一切作为工具，创造出服务生命的物质，来满足、丰富生命的体验。因此，自有人类以来，人们在各个领域的创造都很惊人。教育领域也一样，人们创造出来的教育思路与五花八门的教育手段，令人应接不暇。但是它们都是服务生命的工具而已。工具太多时，我们的空间便被工具填满了，人便沦为工具的奴隶了。

　　回归本性与创造发展同等重要。它们像是黑夜与白天，回归本性相当于黑夜睡眠，消除疲劳、积蓄精力，白天进行劳作去创造发展，周而复始。因为你无法背着工作时的工具入眠，但人们都放不下"不能输在起跑线上；要考重点；不能拖后腿；内向不好；要全面发展、不留死角地培养兴趣爱好……"

同时，这些普遍困惑也得不到较好的回应："我感到莫名的恐惧、怕黑，怎么办？我已经努力了，但结果不满意，我放不下，怎么办？我害怕死亡；手淫会死吗？我爸爸妈妈喜欢弟弟更多，我想死怎么办？我想自救怎么办？我有很多情绪怎么办？……"

一些学生因得不到及时的支持，就逃学、打架、偷盗、抢劫、校园欺凌、吸毒、杀人、犯罪、自杀……

放下工具，每个当下回归本性，便可以解决类似以下的普遍问题。实例：

一次，有一个爱说话的同学在我的课堂上照常说与课堂无关的话："邹老师，你的头发为什么有些黑有些黄，好难看。"全班同学哄堂大笑，然后等着看我如何收拾那位同学。

我放下了继续讲下去的打算，不准备强调课堂纪律，我开心地回应那个同学："嗯，确实，你在观察我的头发，而且你觉得难看，我很欣赏你这么直接坦率地发表自己的看法，这一点值得我学习，下课后我希望能有时间单独与你聊聊关于审美的话题；不过我很喜欢我头发的颜色，它令我感觉到时髦，而且黄色部分让我的脸看起来更白一些。你可以保留你的看法，我也和你一样保留自己的看法，好吗？"

那位同学难以置信地点头，受宠若惊的样子。全班同学鸦雀无声。我猜他们都对我的反应感到吃惊。从那以后那位同学上课的表现与以前判若两人。

这便是当下教育，回归本性的教育，"放下"的教育。课堂只是体验与成长的工具。

"这样做不是在纵容学生上课违纪吗？"有班主任问道。

恰恰相反，当我们真实地表现自己，将学生的当下需求放在第一位，将教学进度、课堂纪律、升学率、班级评比等工具

放在其次时，这样的教育，反而起到事半功倍的效果，屡试不爽。这正是尊重生命、服务生命的恰当的当下教育。学生便会将我们当成活生生的学习榜样。而绝不会将一个板着面孔的一本正经的说教家、批评家当成榜样去模仿。

"教育者成为榜样，学生们成长自主"是指教育者每个当下成为活的教导——榜样，教育便"无为而为"；将成长的权利交给学生自己，便"为道日损；绝学无忧"了。

二、每个当下，在力所能及的范围内，支持自己、学生，做有益于生命的、真实的自己，做到极致，对结果零期待。

真实的自己，是指教育者与学生需要了解到，人有两个我，一个是纯意识的"本我"，另一个是永远在创造与体验中的"自我"。两个自己如何合作、合一，将决定生命的质量、教育的质量。

当在教育与自我教育中遇到困惑与痛苦时，便要提醒自己、支持学生：看到受苦受限的部分是自我，只要回到当下，不为情境贴标签，解决之道就会来到，从而得到自由。

"对结果零期待"是指用心了就好，享受用心的过程，不执着于结果。

[实例] 当下支持学生做自己

萤火虫社工 / 郑宝欣

"宝欣姐姐，今天中午小尹又和一班的同学欺负我，在我背后说我坏话，让大家一起来排斥我。"三年级的小芊红着双眼委屈地说。

"嗯，我感觉到了你的委屈和伤心。"我轻轻地拍了拍小芊的肩膀。

"小尹太过分了，我要告诉我妈妈，告诉老师。"小芊眼泪掉下来了。

"嗯，哭吧，我等你，无论多久都行。把你的委屈全部哭出来。"我递纸巾给她。

小芊的眼泪像决堤的洪水奔腾而出，我为她擦眼泪。"宝欣姐姐，你刚刚为什么不问我发生了什么事情？而允许我哭那么久？"

"是的，这个当下我感觉哭就是你的需要，发生了什么事情永远没有你当下的需要（情绪）重要。"

小芊很快就平静下来，轻而易举地找到了应对方法。

当下的教育就像这样。在每个当下，用心支持学生的需求，放下一切事情，支持学生做自己，在回归中（接纳自己）创造（找到解决方法）。

不需要等她去找父母或老师来帮助她面对、释放情绪；不需要帮她调解与同学间的冲突；不需要批评她那么爱哭；更不需要和她讲一堆"别哭了；下次就……"等来自我们头脑的评判、道理和建议。而是全然投入那个当下，理解支持她。

解决方法必须留给她自己。因为每个人自己本来就有方法。

当下就是未来。根本没有一个叫作未来的东西在哪里等着我们，当然这不表示我们可以不做计划，计划也是以一个个当下达成的。未来只是一个一个当下的叠加。美好的未来，只能是一个一个美好的当下的叠加。我们怎能期待从一个一个不美好的当下里，突然诞生出个美好的未来？

邹中香

序言

致　谢

　　将我们诚挚的爱与感恩，献给支持、鼓励与帮助我们的单位及个人：

　　中山市组织部、中山市总工会、中山市妇联、中山市教育局、中山市民政局、中山市社工委、中山市强戒所、三乡镇党委、三乡镇妇联、三乡镇社会事务局、三乡镇组织办、三乡镇团委、三乡镇司法办、三乡镇文化站、三乡镇流管办、平东村委及三乡镇各村委、民众镇妇联、民众镇组织办；

　　感恩圩仔社区六年来对我们团队的信任、欣赏、支持与关爱；

　　感恩三乡理工学校师生们三年来与团队的和谐共舞；感恩学校领导对团队的细致耐心的支持与帮助；

　　感恩香港社工督导吴汉燊先生对团队社会工作不遗余力的支持与热忱地为本书作序；

　　感恩宝元、沙伯特、志和、中山爱家联盟、中山江西商会、民众镇接源工业园等众多单位；平东小学、雍陌小学、光后小学、载德小学、桂山中学、南区启航职校、民众浪网中学、江西万安中学、靖安中学等众多学校对我们的信任与支持。

　　感恩中国终南山老子学院创办人麦乐，新译的《道德经》令团队受益匪浅。

　　感恩德国著名灵性作家埃克哈特·托利，他的《当下的力量》提升了团队的整体意识，促使了本书的诞生。

　　感恩远在四川屏边的梁旭梅老师，将本书的思想与意识带到大山深处的教育者、家长、学生们那里。

感恩所有服务对象、志愿者、同行的专业助人者们、过去支持过我们的香港社工督导们，以及默默支持我们的朋友与家人们，要感恩的单位及个人实在太多，在此一并感恩。

中山市萤火虫社工团队与左右心理团队将继续发光发热。

中山市萤火虫社工团队与左右心理团队

致

谢

13

前　言

　　有读者反馈：读这本书时，必须放下头脑里过去的经验与认知，比如"植物只是植物，物品只是物品而已"，这本书里描写的所有事物以及那些文字，都是有生命力的，它们在你读的当下就在与你互动呢。请不要企图这本书对你未来规划有什么框架式的指引，因为"未来"并不存在，它只是一个一个当下叠加而成的。请放下你的思维，像你去看一场期待已久的电影那样，毫无目的地，全然地投入，一边读，一边觉察那些文字对你心灵的触动。如果你用脑去读，将错失一些宝贵的东西。

　　还有读者这样反馈：《当下教育》知识点非常多，每个观点都新鲜，需要慢慢品尝，偶尔放下书本消化消化再接着读会更好。若由教师带领学生一起在课堂上当成课本来读，那将是提升师生们意识的好尝试。若家长能与孩子一起来读这本书，将是孩子们的福气、家庭的福气。

　　我们提议，无论你是教育者，还是学生，放下所有身份标签，完全回到你的内在，用心来读这本书，先只为你自己而读。读完后再分享给周遭的人。

　　有的章节里，有专门为教师、家长或学生而写的，你可以对号入座。

　　有的章节看起来不像是在说当下的教育，例如第五章《真爱》一节，一名在读学生追求真爱，辍学与一位有妇之夫生下孩子，在情感发生变故后，她想结束自己与孩子的生命，求助我们以后获得心灵自由。本案例可供教育者们学习、参考，亦提醒对爱情感到困惑的在读学生们，莫将什么都当成真爱。

第八章的"自助自救"的练习，不妨亲自去尝试一下，才能体验到对你心灵的影响。

如果你是教师，完全可以带领学生在课堂上体验，每天用半小时或更多时间，对提升师生的意识将会起到立竿见影之效。很多读者尝试后反馈非常受益，意识马上提升了。当你成了"活的教导"——活在当下做真实的自己，你所到之处，便都是不教而教的教育。这便是老子在《道德经》中说的"道常无为而无不为"，即你不用教育，但却没有什么是你不能教的。

如果你是受教育者，当你成了"活的教导"——每个当下做真实的自己，诚如老子所说"绝学，无忧"，即你不再将学习当成负担了，也不用什么都学了。但不表示你不享受学习。

如此，教育与受教育之路，将会是更轻松、自由、高效而充满爱的享受。

本书中的实例，来自萤火虫社工团队、左右心理团队常规工作中的部分。案例中的人名与实情为了保护当事人隐私，全部做了修改。

我们建议您按顺序读。直接读您最急切想读的章节，也没问题，但记得回头按顺序再读一遍会更有帮助。

对您并无帮助之处，敬请指正并宽恕；有帮助的地方，请您享用、分享它们。

将我们最深切的爱与祝福送给您！

目　录

第一章　心时代教育

（一）让心作主

丢掉头脑的噪音，让过去过去；丢掉对未来的担忧，让当下随心而动。

祝贺你来到了一个前所未有的"走心"时代。此刻请放下头脑，用心来回顾：

你的父辈那时候，他们靠勤劳的双手双脚创造出的成果，无法填饱他们的肚子，吃饱饭是他们的全部梦想；随着经济的发展，机械化生产替代（解放）了人力（父辈的手脚），然而，他们用机器创造出来的成果，只能减轻些饥饿状况，吃饱饭仍然是他们的梦想。

你这一代，进入信息化时代，电脑又轻易地取代了（解放）你的脑，依靠信息化创造出来的成果，逐渐摆脱了饿肚子的困境，你不再为一日三餐担忧，而是关注吃什么让你口感好。你看，你的梦想与父辈们开始不同。

然而，你的脑被解放出来后，你创造了比父辈们更多的成果，看起来不用为吃饱饭担忧了，而父辈们贫穷的阴影仍笼罩在你心里挥之不去。因此你并没有感到更多的轻松、自由、喜悦、和平，反而更空虚、焦虑了，你看你开始关注心了。

你的空虚焦虑并不孤单！这是一个集体空虚、集体焦虑的时代。好消息是，它推动着人类的再一次解放——从信息化时代（脑）跨越到心（意识）时代，即人类的集体意识觉醒的时代。

今天，你是否感觉到了——你，以及你周围的人，越来越关注内心感受了。"老板的话让我不舒服了""隔壁老张怎么那样说别人？"你是否发现，以前绞尽脑汁地、拼命地干活儿很管用，到处敲客户的门推销产品，现在似乎不太行得通了，"走心"——享受着干更轻松更有效率了？你是否发现，你自己以及人们越来越不想委屈自己了？"哼，东家不打打西家，此处不留我，自有留我处。"

人们都从自己窄窄的"一亩三分地"走出来了，开始关注世界金融危机、经济危机、教育改革、食品药品安全等等国家国际大事了，是不是？

过去人们一见面，"今天有人送了点猪肉给我。"说的都是吃；现在不是了，现在一见面，"又烦死了，又不开心了……"谈的都是心。

你越来越希望的是，能有更多心灵上的自由、时间的自由、财务的自由、关系的自由，有更多的爱、更多的快乐、更多的和平。如果你是教育工作者，你会更渴望自由、公平、和平、爱，并以这样的状态帮助你的学生、孩子、周围的人。这便是走心时代，早几十年能吃饱饭都是奢望。

现在，伟大的祖国就要带领全国人民，引领世界走向觉醒了，这是要解放集体心灵的节奏呀，这波大浪潮正向你席卷而来呢。你，准备好了吗？

过去，父辈们的手脚轻易被机器取代，接着，我们的脑轻易被电脑取代。而现在，你的心无可取代！

除非你愿意：比如你愿意被迫从事某项你不喜欢的工作；你愿意被迫消费；你愿意被迫损害自己的健康；你愿意被迫读某所学校；你愿意被迫用别人的定义与标准来攻击自己……

没有了，没有人可以这样对你！你也不会愿意的！这就是走心时代，你完全可以在每个当下，按照你的意愿来行事说话，在不制造伤害的前提下，做一切你想做的，听你想听的，说你想说的，看你想看的，用你想用的……

每个当下让你的心做主。

"谁不想只做喜欢的？但并不是总是行得通啊？难道学生不想学某门功课，只学他喜欢的功课也行？"

你看，你正在这个当下创造一个未来的恐怖故事：如果我允许孩子只学他喜欢的，那就会丢掉不喜欢的功课，那可怎么办？搞不好就退学，或被开除，或……

你离开了当下。所以你的教育会非常费力："孩子，一定要全面发展，不能丢下你不喜欢的功课，否则你就跟不上，就考不到好成绩，就……"你讲道理，打比方，给建议，搞激励，你与孩子一起累到趴下。最后你可能会说，你看，孩子不是被我这样弄得成绩上升了吗？逼一逼就好了，人不都是被逼出来的吗？

可是，你知道心时代的孩子与你完全不一样了吗？他们不需要走你那样的被逼的路了。他们不再需要你以前那样的教育了。

心时代教育是：走心轻松不费力。

[实例一] 放下头脑当下就走心

左右心理 / 邹中香

圩仔爱学堂的小玮，非常不喜欢写字，几乎每天的家庭作业都拖着不写，不交。老师与家长毫无办法也放弃管他的作业了。来到爱学堂后，有一天下午他在做作业前，我叫他到一旁聊天，我问："你玩什么游戏最厉害？要不我们比赛？"

"我玩★★陀螺，你才不是我的对手，我……"他手舞足蹈、两眼发光地描述玩陀螺的情形，表达能力根本不像二年级的水平。

半小时后，他说："我要去写作业了。还有很多作业呢。"

"写字和玩陀螺相比，无聊多了，你觉不觉得？如果不用写字那多好啊，我允许你不写字好吗？"我看着他写字并问道。

"我能很快就写完这些字。"他认真地写。

"啊，原来你的字写得这么端正有力，简直不敢相信。还写得这么快。"我说的是真的。

"知心姐姐，我能十五分钟就完成全部语文作业，再十五分钟完成数学作业。"果然他半小时就完成了全部作业。

后来家长与老师反映，他每天都按时交作业了。

这便是走心时代的教育，让心作主：并非必须家访去教他爸爸妈妈学习育儿知识，学习沟通，学习表扬，督促他写作业，但不等于不可以家访……不是必须和他的班主任或任课老师讲他的性格、爱好，督促、激励他写作业。不等于不可以和老师沟通……当下就用心解决。

用脑教育的结果：吃力有可能不讨好。

让心作主的特点：轻松自由不费力。

[实例二] 让心作主"问题"学生不是问题

左右心理 / 邹中香

"你的头发染成这种金黄，让你的脸色看起来比较白皙，我也喜欢这种黄，发型也很适合你的脸型，审美观与我的差不多。"我对刚从别的班调过来的"问题"学生说。

"邹老师，你说的是真的？你不会强迫我赶快染黑？赶快剪短？"他不敢相信地问。

"绝对是真的，我保证。虽然我知道学校里规定不能染黄头发，但是我仍然不想强迫你染黑它，我想让你自己作主，如果你绝不染黑它，我情愿学校说我没有能力，我也愿意这么做。因为我更关注的是黄头发下面的这颗爱美之心。"我斩钉截铁地说。

"谢谢老师。我可以回教室了吗？"他露出了羞涩的笑容。第二天上学，他的头发变回了黑色。

"问题"学生从此起，当纪律委员，学习委员，班长，一路高歌，成绩由班级倒数到前几名，直至以优异成绩顺利毕业。

[实例三] 家庭教育　让心作主

左右心理 / 邹中香

"妈妈，是谁发明的鬼英语？我永远不出国，为什么必须要学英语？"孩子拿着可怜的英语成绩单掉眼泪。

"就是，妈妈也搞不明白，到底是谁发明的我们必须要学英语，你知道吗？妈妈学英语那时，把英语老师都恨死了，所以最惨那次成绩是39分，比你差太远了。妈妈真的做不了你的榜样，因为考得比你的分数还少。反正我以后假设要出国，就请翻译。如果你实在学不下去，就算了吧。妈妈理解你。"我如实回应道。

高考时孩子的英语成绩出乎意料的高，他私下说："妈妈，你知道吗？你以为我真的放弃了学英语吗？我拼命在用自己喜欢的方法逆袭呢，一分钟记下十多个单词……"

教师与家长担忧、质疑："万一孩子真的放弃不学了，怎么办？"

你看，你正在给自己和孩子创造一个叫作"万一"的枷锁。

[实例四] 当个体与集体心灵冲突时

萤火虫社工／丘芸芸

中午吃饭，一岁多的宝宝不用自己的碗筷，而是伸手抓住大人的筷子，不亦乐乎地敲打桌子和碗。接着，宝宝把一个碗叠另外一个碗上，不停重复叠。

"宝宝能把两个碗叠起来了。"我欣喜地想。

"这种东西就不能玩的，该教的就要教。不教他长大后就什么都乱来，违法乱纪都来。"宝宝的外公大声对我说。

我听了有点扫兴，但如果我说"未来还没来，要活在当下"，外公一定会不愉快，就影响到家庭和谐。

晚上一家人吃饭，宝宝用手把碟子里的菜拿出来，放进去，拿出来，又放进去，有时还用手在菜里面搅一搅。

"宝宝，不能这样！"奶奶大声地说。

"宝宝，你不吃就不要玩，这样没礼貌！"老公附和着。

"你当妈的也管管宝宝吧。"老公对我说。

我本来不想阻止的，毕竟孩子这样玩也是一种探索和锻炼，有助于锻炼触觉，促进手眼协调和精细动作。

但也理解家人对宝宝的担心与关心，于是我"走心"了："宝宝，虽然你很喜欢玩这些像玩具一样的菜，但是成年人的世界里可是有规则的，你必须这么小就开始压抑自己想探索的需求，你不能像个不懂事的孩子一样去玩它们，你必须得从现在开始，学会成年人的规则，至少你现在得习惯这一堆规则……"我说完后，一家人也没再说什么。终于感觉松了口气。

（二）关于校园欺凌

全面宣传《预防校园欺凌方案》，帮助师生了解校园欺凌的形成、隐患、预防、应对方法；

提醒教师避免"隐形欺凌"——无意识的言语伤害学生；

提醒教师观察、重视学生情绪，当下处理减少隐患；

提升学生求助意识。

什么是校园欺凌？

2017 年 12 月 27 日，教育部新闻发布会介绍的《加强中小学生欺凌综合治理方案》中明确了校园欺凌的界定：

中小学生欺凌是发生在校园（包括中小学校和中等职业学校）内外、学生之间，一方（个体或群体）单次或多次蓄意或

恶意通过肢体、语言及网络等手段实施欺负、侮辱，造成另一方（个体或群体）身体伤害、财产损失或精神损害等的事件。

我们相信，国家界定的校园欺凌以及应对措施，是可以起到很好的震慑、保护与预防作用的。

这个方案一出，我们便在学校宣传，学生之间有言语冲突的求助明显增多。

下面的实例，便是导致校园欺凌的所谓的鸡毛蒜皮小事，但若处理不当或不被发现，就有可能演变成欺凌事件。

[实例一] 玩笑也可能成欺凌

萤火虫社工 / 丘芸芸

我和几个同学在排练《校园欺凌》话剧。表演欺凌者的阿杰似乎假戏真演，用力过猛，打疼了被欺凌者大雄。大雄很生气地甩头就走。

"要不要这么认真啊？玩玩而已。"阿杰对着大雄的背影，笑着说。

"大雄被你打疼了，跟他道个歉如何？"我问。随即我尾随着大雄到他班上，只见他一股闷气地坐在椅子上。"大雄，你现在很气愤是吗？阿杰打得那么重。"

大雄继续生气，沉默不语。

阿杰也走过来了，轻描淡写地说："别这样啦，别这样啦，大家兄弟一场。"

"阿杰，我希望你真诚地道歉，"我说，"说'大雄，对不起，刚刚打疼你是我的错，下次我不这样了。'"

"大雄，对不起，我没想到会打疼你。大家朋友一场，我不是故意的，不过以后我会注意的，很抱歉。希望我们以后还可以开玩笑，一起玩。"阿杰犹豫了一会儿，慢慢开始认真地说，并尝试走到大雄旁边坐下。

"嗯。"大雄回应了一声。勉强和好。

"希望你以后开玩笑注意分寸，如果对别人带来不利，应真诚道歉，并修正自己的行为。下不为例哦。"我提醒阿杰。

"嗯，谢谢芸芸姐姐，谢谢兄弟啦。我一定下不为例。"大雄这才开心起来。

[实例二] 班委冲突也可能成欺凌

萤火虫社工 / 李翠华

"花花姐，我有些班委里的事向你请教。我们班委里一个男生与女生发生了冲突，应该怎么处理呢？"小青急忙地说。

"嗯，你是参与者还是旁观者呢？"我问。

"我算参与其中吧，但是他们男班委对我没有意见，就是对那个女班委意见比较大。"

"哦，你参与其中，你的感受如何？"

"我有点为难，跟男班委不想撕破脸皮，但他们毕竟也有错。"

"嗯，你参与其中，你跟那个女班委处理事情的区别在哪？"

"我比较冷静，她比较冲动一点，她也算是护着我的。我问过副班，但他当时不在场，就说'如果当着全班人的面去说那些男生，是谁都会不服啦'。我也觉得副班说得对。"

"嗯，很好，你和副班都能够站在对方的角度去看问题。那你们现在的想法是怎么样的？"我问。

"我们决定先开班委会，讨论一下。但是男班委的确是没有做到他的本分职责，女班委因为比较冲动，太气愤了，说话大声了点。"

"哦，你感觉到她当时很气愤，情绪上控制不好，不懂得如何表达才更有效，如果你是那个女班委，你会怎么做，事情会发展得更好？"我问。

"如果我是她，我也会很生气，但会好好说话，不会用不文明的话攻击别人。但他们以前的旧矛盾还没解决，其实随时都会爆发的。"

"哦，所以这次的事你觉得是意料之中是吗？"

"是的，有点。"

"他们的冲突一直都在，没有解决。是吗？"

"嗯，对的。这倒点明了我。他们的矛盾就像一个炸弹，不管说话大不大声，只要一管起事来就会爆炸。如果换个人的话，可能就不会这样了。"

"嗯，你认为发生矛盾是不是不好？"

"不一定。处理得好的话，可以促进大家相互了解。不好的话，就是解决不了，矛盾依旧在。就是不知道怎么去做。"

"嗯，那今天和以后你知道如何做了吗？"

"我会让自己先冷静下来，然后好好说。"

"嗯，很好。如果带着情绪解决问题，是很难的。"我说。

"哇，冲动是魔鬼，冷静是解药啊。谢谢你，花花姐，我知道怎么做了。"她恍然大悟，愉快离去。

在预防校园欺凌现象中,我们发现诸如此类需要提升意识、管理情绪、认识自己与尊重他人的现象居多,非常严重的欺凌毕竟是极少数,而且那也是因为类似这样的"小事"累积情绪得不到有效及时处理而引发。

来自教师无意识的言语伤害如"你没有这方面的天赋"——"隐形欺凌",与学生认同了教师的定义"我真的在这方面没有天赋"带来的自我欺凌,如"自伤自残,自暴自弃",是校园欺凌中两大隐形杀手。

下面是教师与学生自己的"隐形欺凌"实例:

[实例三] 来自教师的无意欺凌

左右心理 / 邹中香

"听说你这两天因为没有去参加比赛,心情很不好?而且你和爸爸妈妈说了不想读书了,是吗?"我问某同学。

"老师说我在演讲方面没有天赋,所以不让我参加比赛。没什么的。"明显有情绪。

"哦,我感觉你似乎有情绪。你是如何看待老师送给你的'演讲方面没有天赋'这个礼物(定义)的呢?"

"演讲方面我确实没有天赋,只是很想参加。"眼神更黯淡了下去。(认同了老师的定义)

"嗯,你坚信了'我演讲方面确实没有天赋'这个礼物(定义)是真的了?"

"不知道。"哭了。

"如果你不收下老师送的和你自己接收的'演讲方面没有

天赋'这份礼物，你会怎样呢？"

"那我就自己练习演讲，然后下一次有比赛时我提前让老师看我演讲。"破涕为笑。

[实例四] 无意识的自我欺凌

萤火虫社工/阮焯坪

"嗨，阮哥哥好。我没事，只是来坐坐。"午休时间一男同学好几次来到社工站。

"好。可以常来。"我回应他。刚开始他只是与我闲聊，不时跟我分享他喜欢的歌曲。

"我与班上同学相处不愉快，很多人都不喜欢我，背后议论我，有时跟他们会发生争执。"几次闲聊后他对我说。

"哦，你不喜欢他们在背后议论你。"

"嗯，我长得胖，样子也很丑，特别是我脖子上的那块大疤痕。他们笑我样子傻傻的，在背后叫我傻子。"

"哦，你送给自己'胖、丑'的礼物，他们送给你'傻子'这礼物。你虽然不喜欢，但都一一收下了。"我回应。

"我有时就凶回去，警告那些嘲笑我的人；我总是人前微笑，人后流泪，我已经很擅长伪装自己的悲伤。"他难过地说。

"嗯，你自己与别人送的礼物你是不喜欢的，你觉得如何对待这些礼物你便不用再伪装自己了呢？"

"我可以不收礼物；当作别人没送。可是我真的不喜欢自己的胖与丑呀。"

"哦，那你打算如何对待'胖、丑'这份自己送的礼物呢？"

"不知道。你是说我要喜欢我的胖与丑？"

"你觉得呢？永远与你的'胖与丑的标签'为敌，还是欣赏这样的独一无二的、限量版的你，哪样令你活得更自在呢？"

"我明白了。"

[实例五] 谁是欺凌者？没有欺凌者

萤火虫社工/李翠华

"我以后再也不跟别人发生冲突了，我不多话了，免得人见人烦。就算别人笑我、骂我，朝我扔东西，我也只是忍耐地走过，安心地承受。"一位同学来社工站找到我。

"哦，听起来你在为自己话多惹人烦而自责。你打算忍耐、安心收下他们送的'笑你、骂你、烦你、朝你扔东西'全部礼物。"我愉快地回应。

"嗯。"

"但我能感觉到你有难过和委屈，你并不是真的想安心地收下这些你不喜欢的'礼物'，而是希望找到不收礼物且开心的方法，是吗？"我问。

"嗯。"他惊讶、无助地点头。"老师上课，我总是很喜欢搭话，提很多问题。我控制不住发表自己的看法，但是同学们都觉得我很烦。可能烦我打断老师上课。回答错了，大家都笑我。"

"哦，这个问题似乎困扰你有一段时间了。你希望能有办法让同学们不烦你。是吗？"我猜测。

"我不说话了呗。但我又忍不住不说，控制不了。"他迟

疑了一下，调皮地笑了。

"其实你希望既能发言表达自己的观点，又不打断老师上课，还能不让同学们觉得你烦，是这样吗？"我尝试着问。

"嗯，我可以拿笔将问题记录下来，下课后，再请老师解答。我也可以举手，等老师请我才回答。这样就不会打断讲课，同学们就不会烦我了……"他开心地笑。

我的做法（当下教育）：不建议、不评判、不教育、不劝说，即无为。他却自己找到方法，即无不为。那个当下，我只是呈现我的爱、喜悦、和平、自由。

将校园欺凌比喻成一份礼物的话，教育者如何面对自己接收到的有意无意的礼物？如何面对你有意无意送给学生（其他人）的礼物？

如果你是学生，你将如何应对别人有意无意送给你的礼物？以及你有意无意送给自己的礼物？

或许你有自己的应对方式。你也可以像这样：

例如你无意中送了一份学生（孩子）不喜欢的礼物——"你总是不听话"这样定义性语言时，你发现他情绪低落，要立即收回这份礼物：

"对不起，说你总是不听话，这不是事实，你有时是听话的。你希望我为你做些什么，以弥补这个无意识的伤害？"

"对不起，虽然我希望你听话，但是你最该听的是你自己的话。我将永远记住从此以后不为你贴标签。"

"对不起，我不应该给你贴上'总是不听话'的标签，而是应该问你有什么不同意见。但愿我能弥补对你的无意伤

害。"……

假设你收到不喜欢的礼物，你并不是被动地毫无选择，你可以主动地：

逆来顺受地照单全收，暗地欺凌自己；

一边纠结一边收下，恨着送礼之人。用恨欺凌自己；

一边收下一边恨自己懦弱；

置之不理；

将礼物原封不动地送回给对方；

表达感谢后回送给对方；

像佛陀极尽所能地对骂他之人说：如果你送的"礼物"我不收，它会去哪儿呢？

像老子对一个试图害他的人用"常善救人"：你将"礼物"送给一个不但无害于你、反而有益于你的人，难道不是你的损失吗？"……

预防校园欺凌：

教师有意识地留意自己的言行带给学生的情绪反应；

留意、及时应对学生的情绪，或求助校心理老师、社工来处理；

学生重视自己的情绪，及时求助或自助（自助见第八章"自助自救"一节）。

（三）受害者与加害者

"为什么受伤的总是我？都是……害我这样的"的受害者模式，来自无意识的教导"你是……的人；都是你的错。"

"我没有错，我就是要报复"的加害者模式，来自无意识的被定义的愤怒"难道你没有错吗？我才不是你说的那样的人"；

解决之道：有意识地避免贴"你是……的人；都是你的错"等标签；有意识地处理别人送给你的标签。

"你是……的人，都是你的错"这样的极具杀伤力的语言，最初常见于无意识的家庭教育中，给孩子带来的伤害，有时是摧毁性的，但人们很难发现。

这样的语言是极端暴力的，等于在说"我有资格宣判你的罪行"，让被宣判的人难以下咽。

例如，当孩子不小心摔碎了生活用品，你骂孩子"就是你，总是打烂东西，什么人嘛？你那双什么手？拿什么摔什么，真没用……"

有的孩子当场傻掉了。他们恨死了这样的自己；恨死了自己怎么有双这样的手；恨死了骂自己的人；但他们没有解决之道。

有的孩子会想：我的不小心是不应该存在的；我是个总打烂东西的人；我的手不正常；我拿什么摔什么；我真的没用……

可能困惑：我的不小心为什么是个错误？摔烂东西等于我没用？

可能愤怒：你们大人也摔烂东西；你们为什么不骂自己？你不摔烂东西就很有用？你还故意摔烂家里电视机、电脑和手机呢？

有的孩子会压抑着愤怒的情绪去攻击同学或自伤。

人们就是这样无意识地将孩子变成了：

受害者：我是个没用的人。一切都是我的错。

加害者：不是我的错！为什么受伤的总是我？为什么针对我？我要报复！

这是非常自然而又很难以觉察的。

来看下面的情形：

从你没懂事起，这些无意识的"宣判"就开始了：

一岁半开始，"别用手抓饭，守点规矩，不管你的话长大就要杀人放火了。"——把饭当玩具来探索世界是你的错；

到你两岁时，"走个路都摔倒了，没长眼睛吗？"——摔倒是你的错；

你上幼儿园了，"哭什么？错了还不能打？"——哭、挨打是你的错；

你上小学了，"耍什么脾气？考成这样还要奖励你？"——考不好是你的错；有脾气是你的错；

你青春期了，"顶嘴还有理了？一个女孩子多嘴多舌的。"——成为女孩子是你的错；多嘴是你的错；

"一个男孩子动不动就哭。"——男孩子哭是你的错；

"怎么你就不像谁谁谁那么外向呢？"——内向是你的错；

"拖班级后腿还不拼命学习？"——拖后腿是你的错；不

拼命是你的错；

你开始工作、结婚了，"赚不到钱能干什么？你看楼下老王对伴侣多好。"——赚不到钱是你的错；不像老王是你的错；

你生病了……——"生病是我的错……"

……

现在，你明白了"为什么越长大越孤单"，因为越长大你错得越多。

[实例一]"样样不如姐姐是你的错"

左右心理 / 邹中香

"我差不多每天被爸爸妈妈训，他们说我没有一个优点，而且样样不如姐姐。"五年级的男生情绪低落地说。

"哦，那么爸爸妈妈送给你的'没有一个优点，而且样样不如姐姐'礼物，你喜欢吗？想收下吗？"我微笑着问。

"不喜欢，不想收下。他们说的不是事实，我也有很多优点的。"

"嗯，来，数一下你的优点。"

"我的画比姐姐画得好；我对科幻类的东西比姐姐了解多；我写作比姐姐更生动；我比姐姐爱运动……"

"喔，何止这样？你与姐姐都不止这样而已，真正的你和任何的其他生命一样，被我们肉眼看到的，只是外在显化的被头脑贴标签了的我们，这只是真正的我们的无限分之一呢，你知道吗？我们的身体，名字，身份，成绩，荣誉，财富，地位，权力……都只是我们的标签，真正的我们是超越一切的意识。

它不生不灭，无始无终……"

"哇，天哪，我太喜欢这个我了。"他双眼闪闪发亮。

"哇，那下次爸爸妈妈或别人又送类似的礼物给你，怎么办？"

"我就大笑告诉他们：你们说的不是真的，把你们的礼物收回去吧，哈哈。"

[实例二] 青少年成长困惑 "都是你的错"

左右心理/邹中香

"如果这次夏令营的旅游爸爸还不让我去，我就自杀。每次的旅游爸爸都不让我去，这是今年第四次了，我无法接受。我恨透了他们，恨透了这个冷漠的世界，我被抛弃了。我做错了什么？我不再留恋这个世界……"六年级的小玮同学在日记中写道。

我浏览了他几天前我有留言的日记："今早，没有太阳，我的心情也阴阴的，泛不起波浪……但一来到夏令营，看到我那可爱的知心姐姐温暖的笑脸，我的心情即刻晴空万里……"

"知心姐姐每天把我的日记当范文读，我既高兴又羞涩，因为我写得并不好，也从来没有被当成范文读过，但我喜欢她这样赞美我，如果我的爸爸妈妈也这样赞美我该多好啊。我最害怕的是爸爸生气时，他手里就算是刀，也向我头上飞来……不过，我要与爸爸斗争到底……"

我留言：这个斗争是不是指有我们的支持，你有信心搞好与爸爸的关系？

"你说对了一半。另一半是指我会努力学习，争取他的表扬。"他在日记中回应。

与小玮爸爸座谈后，他回应"我没读书，没文化，不懂怎么教育孩子，确实不知道这么严重伤害了他，我承认，我每天都有骂他'都是你的错'。我以后改正，我会按照你说的，对他说'你没有做错什么'。"

[实例三] 少年管教所内"都是你的错"

左右心理 / 邹中香

"今天希望我为你做些什么呢？"我对求助的母子中的儿子（17岁）问。

"我没有什么需要帮助的。"他偷偷看一眼旁边的妈妈。

"嗯，我感觉到了。你更希望的是我能为你妈妈做些什么，是吗？"我明知故问。

"嗯。"愉快地低头笑。

"儿子说没有什么需求。他希望我为你做些什么，你怎么看？"我转向这个母亲。

"我希望他改变，听话，好好改造，不要让我这么操心，唉……"母亲流泪。

"哦，我感觉他很听话，他一直在偷看你，脸上写满了关心，爱，担心。"我同时与她儿子眼神交流。

"是的，他是很关心我，有什么吃的总是先给我吃第一口，我难过时他很紧张我……"眼泪汹涌。用手摸儿子的头。

"我想知道你们平时是怎么沟通的？模拟一下最近的一次

沟通场景，好吗？"

母子俩同时点头。儿子愉快、羞涩地笑。

模拟开始：

"妈妈，我要2000块钱。"

"你以为我是造钱的吗？开口闭口钱钱钱。就是你的错，如果不是你，我哪会这么辛苦？"

儿子摔门而出，几天没回家。

模拟结束。

"我来扮演你，和儿子沟通一次，你在旁边看，可以吗？"我问母亲。

"好。"

模拟开始：

儿子："妈妈，我要2000块钱。"

我："哦，要2000块钱用来做什么呢？"

儿子："想和朋友出去玩，有个朋友生日，我想请他们去酒楼吃一顿，以前总是他们请我。然后去海边玩一天。"

我："哇，儿子你真讲义气，也很会安排。只是妈妈给不了你这么多钱，你看，我一个月才3000块，要交房租、水电费，要吃，还要存钱给你娶老婆，只能给你300块，我感到抱歉，请朋友去大排档吃个便饭好吗？等你工作了，赚到钱了再请他们去酒楼，你觉得可以吗？"

儿子："可以，谢谢妈妈。（愉快地笑）我妈妈不会这样和我说话的。"

模拟结束。

"刚刚我与你儿子沟通的过程，你有什么感受？"我问一直在流泪的母亲。

"邹老师，都是我没读书，不懂教育孩子，我从来没有像你这样和儿子说话，我总是骂他，什么都骂他，我对不起他。儿子，你没有做错什么，都是我不对。（哭）邹老师，我离婚几年了，脾气非常不好，总是发泄在他身上，以后我要多向你学习，不再骂他了，好好说话，真是特别感谢你。如果我早点来向你学习，就不会这样了。下次我还会来找你，我心里还有很多话说不出来，不知道向谁说，没有人理解的……"说完她疼爱地抚摸儿子的头，儿子为她抹眼泪。

[实例四]"为什么针对我？"

左右心理／邹中香

"今天早上我本来心情很好的，可是那个同学迎面狠狠地瞪了我一眼，他有什么了不起吗？我又没得罪他，好好的一天被他毁了。"

"哦，你觉得他是'瞪'你，你认为他是因为什么呢？"我问。

"谁知道他是什么原因。神经病吧？针对我。"

"哦，你并不知道他是什么原因，你就确定他是在针对你？"

"不是针对，为什么要那样瞪我？我根本没得罪他，而且我都不认识他。"

"哦，那你来猜猜他有哪些可能的原因那样瞪你呢？"我引导着说。

"难道是我长得不好看，他就是讨厌我？讨厌我老是笑？"

她疑惑地说。

"哦，还有哪些可能呢？"

"他觉得我像他讨厌的某个人？他今天不顺心？他失恋了？他被女生骗了？他讨厌所有女生？他爸爸妈妈离婚了？他有精神病？他看我开心不顺眼？我像他分手的女朋友？他的眼睛是斜视？他对每个人都是那样看的？他对自己不满意？他恨他自己？"她猜测。

"哇，这么多可能性，你现在心情如何？领悟到了什么？"

"心情好多了。我觉得他有可能不是在针对我，可能是他自己的事，我想多了。"她笑。

"哦，刚才你猜测的那么多可能性中，你觉得哪种可能性最高？而你最在意的是哪种可能性？"

"应该是我老是笑这一种，我最在意别人说我没事老笑，像个神经病。"

"哦，最早说你'没事老笑，像个神经病'的是谁呢？"

"是我的爸爸。我每次大笑他都要说我像个神经病似的，有什么好笑的？"

"所以你看，你自己将爸爸的话当成一副枷锁套在自己脚上，然后每见到一个别人，就对号入座，看别人是否和你爸爸一样在给你'判刑——你是个神经病'。是吗？"

"就是，老师，那我应该怎么办？"她哭。

"下次爸爸再送'神经病'这个礼物给你时，你可以有很多种方法回应他，请现在返回前面第一章的最后，收到自己不喜欢的礼物时，你就知道如何应对了。好吗？"

"嗯，谢谢老师，我知道该怎么做了。"

"现在或以后，又有类似的事件发生时，你还会认为'为什么受伤的总是我'吗？"

"不会了，我才不想去管别人是什么眼神呢，我只管好自己的心情，不受别人影响就好了，包括我爸爸的影响。一切都是我自己作主。"

"非常棒的领悟，祝福你今天打破了沉重的枷锁，重获自由了。感谢那个'瞪'你的男生吧，他送了一份多么棒的礼物。呵呵。"

"嗯，确实应该感谢他。更感谢老师你，以后发生任何事，我都会把它当成礼物的。"

"哇喔，那太棒了。如果你把今天的领悟分享给更多同学，你的世界会变成怎样呢？"

[实例五]"我不是受害者"

左右心理/邹中香

"能说说你为什么又被抓进来了吗？这是第四次进来了哦？"我问。

"嗯，本来这次我表现挺好的，出来后找了份工作很卖力，可是老婆一开口就说'就是你……不然我……'所以我非常生气，我那么努力地改造，出来了也很卖力，为什么还要怪我？所以成全她吧，就又进来了。"

"哦，你是为了报复她那句话，成全了她，那你进来后觉得报复解气吗？"

"当时解气，现在怪她也怪自己没脑，如果让她说，我不听进去，就没事了。唉，还害了孩子。"

"哦，你其实后悔自己将她的话当成'圣旨'来报复自己了，你觉得自己并不是受害者，是这样吗？"

"是，我不是受害者。"

"那你打算怎么办？以后又有很多别的人也说你这样那样，你怎么办呢？"

"好好改造喽，我不会那么在意别人的话了，自己好好做人就好了，其实也不关别人的事。不要老是为别人的话就冲动做事，那是笨。我要给儿子做个好的榜样。"

（四）无为而为

带着目的性地做，很多时候是需要的。但常常是逆流，是费力不讨好地在创造。

放下目的性地做，即无为，总是更容易达成目标。因为这是顺流，是享受着在创造。

无为，不是指每天躺在家里睡大觉什么也不干，是指对天地万物的一份信任，信任每个生命都是被无限地支持着的；

无为，是一种不恐惧不抓取，就能够且已经本自具足的确信，与随之而来的一种勇敢、力量与从容；

无为，是一种接纳当下事实，不要求、不抗拒而来的臣服；

如此品质的无为，是一种领悟了生命本质的智慧与慈悲，这样的智慧与慈悲，具备真正的洞察力与创造力，便没有什么

是不能为的了。

心，是地基。

以你是一位教师为例：

假设你是因为这份工作有寒暑假，待遇也满意，工作相对较轻松等原因进入这个领域的教师，你并不是打心眼里热爱、享受这份事业的话，那么你的有目的性地做，诸如批改作业、带早读晚修、应付学生考试、应对"问题"学生等等，终究会让你饱尝不舒服，无力，胸闷，抑郁，麻木，"现在的学生越来越难教了，现在的家长越来越难应付了"……的感觉。这便是违心而为之。

但你觉得这很正常，"大家不都这样过吗？"这种违心的逆流而上、艰辛可想而知，但并没有令你放下"我想成为一名优秀教师，就可以增加收入了"的欲望。

你的头脑会告诉你很多关于成为一名优秀的教师的成功经验："你应该加班加点；你应该牺牲掉一些自由时间；你应该再考个职称……"

你的心并不想这么做，但它不会与你的头脑去对抗。

于是，一个一个当下，你就在不想做却做着，直到你受够了。你厌倦了逆流，想掉头回去。

假设掉头了，你顺流而下。

无为——不带目的性地做。你放下了成为一名优秀教师的目标、计划、行动、奋力挣扎，任凭水流推着你，你感到毫不费力，你有了闲暇欣赏两岸的风景，头顶的白云，水面的涟漪，风儿的轻柔，阳光的温煦……

甚至你的头脑不再想"下一刻我要做什么"，你每个当下只想跟随你心的召唤："咦，这里风景不错，停下来欣赏一下吧"，于是，那个当下，你将自己完全交给了那个风景，你与那个风景融合在了一起。你不再像以前："欣赏风景能当饭吃吗？我还有一堆事情没做呢。还有债务呢。"

　　你继续顺流而下。突然，你有冲动想上岸散个步，你就去了，你完全忘记了"散步能散出钱来给我买别墅吗？"这样功利的目的，只是顺着你的冲动就去了，你愉快地散着步，你与路人春风满面地打招呼，你已经记不起自己多久没有这样放松过了。

　　你继续顺流而下。你发现久违的喜悦、自由感又回来了。越来越多。

　　于是，你有了想做你喜欢的事情的冲动，不是因为别的原因——有假期、待遇还不错、有面子等，只是因为你喜欢，于是，你就去做了。

　　你，充满力量，愉快地做着你享受的。你可能离开了讲台……

　　亲爱的，你喜欢哪样的你？

　　你会将顺流而下的你（随心），还是将逆流而上的你（违心），呈现在你自己、你的学生、学生家长、家人、陌生人、这个世界面前？

[实例一] 职业规划困惑
左右心理 / 邹中香

　　"老师，我学的烹饪专业不是我喜欢的（逆流），好痛苦呀。"李同学无精打采地求助我。

"嗯,是的,不喜欢的就是会这样。"

"那怎么办?老师。"

"你有喜欢的想做的吗?"

"有啊,可是我喜欢的不赚钱呀。我喜欢画画,呵呵。可是只是画着玩,也不能赚钱养活自己呀。"他羞涩、愉快地笑。

"嗯,请想象十年后或五十年后,你还在做烹饪(逆流而上),你是什么样子?"

"我可能觉得白活了几十年,也有可能中途就不做烹饪了。"

"嗯,再请你想象一下,十年后或五十年后,你还在画画(顺流而下),你是什么样子?"我继续问。

"可能我有画室了,可能我的画能卖到不错的价钱,可能我成为了一名画家(大笑),可是,前几年应该需要好几年学习,而且赚不到钱,要靠家人养着。可能家人也不会支持我画画,说那玩意只能玩玩。"

"嗯,你会决定继续学烹饪,白活一辈子?还是前几年学习画画,后几十年一直享受你爱的画画呢?"

"老师,我知道怎么做了。我会一边把现在的专业继续学好,用这个专业赚钱,一边学画画,等我赚到钱了,也学了画画,再慢慢放弃烹饪,就既养活了自己,又做了自己喜欢的。"

[实例二]职业选择纠结

左右心理 / 邹中香

"邹老师,现在有两份工作让我决定选哪个,我都喜欢,丢掉哪一个我都不想。一份工作给我成就感,因为我很擅长而且喜欢；另一份工作让我做管理，这是我非常想加强的领域。"他烦恼得直抓头。

"嗯，非常简单，现在请你先放下头脑（逆流），当我从一数到三时，你立马让心（顺流）做决定，从这两个替代物中推倒一个。好，一，二，三，开始。"我微笑地说。

他以迅雷不及掩耳之势推倒了其中一个，望着我。

"这个其实是你真的偏好一些的，是吗？"我明知故问。

"就是。"大笑。

做到无为而为，需要你放下对结果的期待，享受每个当下，生命的过程就在每个当下里，它只在当下。

[实例三] 让学生自己决定

萤火虫社工 / 郑美婷

"美婷姐姐，妈妈又骂我了，她一直说我写作业慢。"

"嗯，看起来你很不开心。那你觉得自己写作业的速度怎样呢？"

"有时候确实是会分心，就做得比较慢，一道题有时也会想比较久。"

"嗯，你需要时间思考。那你觉得是什么影响了你写作业的速度？"

"我在客厅写作业的时候，妹妹一直在旁边画画或者玩，奶奶也走来走去的。"

"哦，那你是否想过不在客厅写作业呢？例如在房间？"

"妈妈说在客厅可以看着我，所以让我在客厅写。不过我

可以回去和她说说这个建议。"

"你每天都比较晚到 430 学堂，这是影响你写作业的因素吗？"

"应该也是，因为 430 学堂的小朋友都在认真写作业，所以我也比较专心，但每次写了两三个作业就放学了，时间不够。"

"那你觉得有什么解决方法？"

"我放学后会和同学踢球，我可以减少一点踢球时间，早一点过来……"

如此案例一样，无为是只做必须做的部分。

（五）过程与结果

享受过程，放下结果。

人们总想要个比当下更好的结果，"我考到某个证就比现在更好了；我遇到某个人就比现在更好了；我有更多钱就比现在更好了；我没有病就比现在更好了……"总之，未来有某个结果比现在更好。

计划未来，这没有问题。问题在于，你将当下变得面目可憎，需要逃离开，当下像是个阻碍你幸福的罪魁祸首似的。

好像人的一生是专为未来而存在似的。

好像当下最不值得待似的。

执着于结果，几乎让所有人离开了当下，于是人们一生都消耗在等待未来上面：

等期末就可以玩了——当下不能玩；

等毕业了就可以享受了——当下不能享受；

等工作了就可以轻松点了——当下不能轻松；

等成家了就可以开心点了——当下不能开心；

等生孩子了就可以少点烦恼了——当下可以多烦恼；

等孩子长大了就……

等孩子结婚了就……

难道不能在当下就……

"当下我没有条件呀。你看我欠着债；你看我还没有成家；你看我身体不好……"

你已经欠着债、没有成家、身体不好了，难道还要在心理上为自己制造痛苦吗？

当下享受是不需要任何条件的。你可以一边欠着债，一边享受当下；没成家也可以享受当下；身体不好也可以享受当下。

除非你只想痛苦。

[实例一] 比赛前焦虑与"享受过程，放下结果"

萤火虫社工 / 张少媚

"亲爱的赵丽同学，你很久没有过来社工站做志愿服务啦，今天见到你真开心。"我笑着说。

"是啊，最近太忙啦，作业很多，然后还要参加合唱比赛，都快忙死啦。"她笑道。

"看起来你的确很累，甚至还有点不开心？"我试探性地问。

"是啊，我担心自己不能完成好动作。"

"哦，完成'好动作'是指什么呢？"

　　"就是在合唱的时候，我与全班做的动作，如一起抬起手，一起摇动瓶子能协调些。就是动作能放开一点，让老师和同学们能满意。"

　　"哦，现在假设你是评委，你给自己的动作打个分数，1分是动作完全没放开，10分是动作完全放开，你会打几分？"

　　"6分。"她思考了一会儿说。

　　"嗯，那你觉得你做好了动作，你会打几分？"

　　"10分。"露出笑容。

　　"嗯，看得出你对于10分的动作还是蛮开心的。现在假设你有了魔法，你的动作在合唱节当天完美地展现，你的感觉是什么？"

　　"很开心，很快乐，还很自信。"笑。

　　"嗯，那么在你完成了最满意的动作，我们来找一下有什么东西不一样了？"

　　"应该是班上荣誉吧。"

　　"你觉得这样的变化，有谁会先注意到？"

　　"班主任、我奶奶，她们都会很自豪地觉得我做到了。"

　　"好，那我们现在来回顾一下，以前有什么类似的让你自信的事？"

　　"以前学习摔跤，所以在摔跤比赛中取得胜利就是自豪的事情。还有就是考试取得90分，爸爸妈妈都会很开心地为我庆祝。"

　　"我听起来也很开心，你在与我聊起这些事情的时候，我能感受到你很自信。那么把这份自信运用到此次合唱比赛中，

看到自信的你站到舞台上，自信地唱起歌，自信地做起动作，你觉得如何？"

"好，我能想象出自信的我站在舞台上。"憨笑中。

"从你的眼神中，我能感受到你现在的期待，我期待能在舞台上看到自信的你挥动双手。"

"谢谢媚姐姐。我会努力的。"

"嗯，享受着参与就好，在力所能及的范围内，享受你的排练，做到极致，对结果零期待。你觉得如何？"

"好，这让我感觉压力更少、动力更大了，好开心。我最喜欢'对结果零期待'这一句。"

计划未来与享受当下是同时的，不矛盾的。计划未来是外在目标，享受当下是生命本该如此的内在目标。然而人们常常将外在目标当成枷锁摧毁了一个一个当下，"我有压力；我欠着债；我担心孩子；我没有找到另一半；我开心不起来……"这便是用未来摧毁当下。

[实例二] 享受过程，放下结果
——李桂明

"最近在忙着复习考试，很少出去玩。"好友翠翠一脸无奈。

"你看起来一脸苦恼又痛苦的样子啊，考试紧张啦？"我笑问。

"哇，那看来我的情绪表现得很明显嘛，这样都被你发现了。真的紧张了，没有复习好，拿起书来又看不进去，好让人烦躁，特别害怕考试不及格，又要重考，又要被老师、爸妈说教了，

最重要的是我自己有自尊心，不想被别人比下去，可是，现在复习真的很让我痛苦。"她充满担忧地说道。

"嗯，你很注重结果。你被结果控制啦，所以有这么多情绪。"

"对啊对啊，深有同感，真的挺注重结果的，毕竟考试就是想要有个好成绩，就怕考砸。还特别烦恼着怎么复习，一旦复习不好就会考差了，问题是我现在怎么复习都不行，紧张得要死，特别害怕成绩排在班级后面了。唉。"

"过于在意结果，就把过程当成了煎熬。你这样把情绪带到复习中，更不利于复习呀。"

"的确是这样，可是我不知道怎么办呀。"

"你能不能先把成绩这件事情放下，也就是把你复习的这个结果放下，你选择享受这个过程，也就是活在当下，如果你选择了只注重结果，而忘了享受沿途的风景，也就是忘了享受复习这个过程，你将会发现两者会有不一样的意义，所以说，慢慢地复习，当累了的时候，听听音乐或者外出散散心，复习的过程中不要想着考试会考差，不要想着考差带来的结果，你会发现自己有很大的转变，至少情绪上会很轻松，这都是注重当下，注重过程所带来的无穷力量。"

"听完你说的，我发现挺有道理的，至少一步步改变现在这个局面，那我愿意尝试活在当下，或许会让自己更轻松。"

第二章　你是谁

（一）认识你自己

你有两个"我"：

"自我"：比如有形的身体与无形的身份、信念、情绪、思想等；

"本我"：即意识，没有属性，无法被定义，只是存在。

你的"自我"，由有形的部分比如你的身体，和无形的部分比如你的身份、信念、情绪、思想、行为等组成。用来创造与体验这个物质现实，自我永不满足。

当别人定义你"王二，你是个小气的人"，你马上就难过、生气了，但这只不过是那个当下的一个片面的定义而已，可能是你做了件让别人觉得小气的事，但事并不等于你。要准确地定义你是个怎样的人，非常有难度，请看：

单是你身份的标签便多到你咋舌：你是王二，一名教师，一名女教师，一位事业有成的男人的妻子，两个孩子的妈妈，一位女儿，一位姐姐，一位不太讨人喜欢的同事……你也可以加诸多形容词，听话的妻子，孝顺的女儿，暴躁的妈妈，固执的同事，优秀的班主任……

你有形的身体也有无数的标签：你长得很高很瘦，很高很胖，很高很黑，很高很白；或你长得很矮很胖，很矮很瘦，很矮很白，

很矮很黑；头发偏黄或偏黑，长发或短发；眼睛小或大，你走路很快或很慢，你唱歌跑调或不跑调……

在信念、情绪、思想等无形的层面，你也有数不完的标签：你喜欢相信上帝；你讨厌上帝；你相信有鬼；你是无神论者；你固执，你开朗；你内向或外向；你自私，你无私……

如果放下以上的全部标签，你是谁？——"本我"，"本我"即意识，意识到"自我"的这些标签，以及"自我"体验的一切！

所以，下次当有人定义你时，你会如何应对？

假设你是这位教师：

[实例一]"你是个自私的人"

你在团队中非常不受欢迎，同事们明里暗里说你是个自私的人，你非常难过，也讨厌自己。

接下来邀请你一起参与体验：

请想象你站在全体同事们面前，他们正在对你说"你是个自私的人"。

你的"自我"是不是马上有情绪了？在心里说："哼，我才不是自私的人呢。"你看，你不同意他们的定义，却压抑情绪，更重要的是，你忘记了你还有个"本我"，所以你生气。

今天用新方法来试试，将你的"自我、本我"一起介绍给同事们："是的，亲爱的同事们，我的'自我'和你们的'自我'完全一样，有时自私，有时无私；有时善良，有时不善良；有时诚实，有时不诚实……标签无数，你们有的我都有，一样也不缺。我们都可以在每个当下决定呈现无限标签中的一个，

当下若我呈现善良，便无法同时呈现不善良；当下呈现诚实，便无法同时呈现不诚实，所以每个当下只能呈现一面……完全由我们自己作主要呈现哪一面。

同事们，我的'本我'和你们每一位一样无限、没有属性，它叫作意识，只是存在；既不自私也不无私，既不光明也不黑暗，既不善良也不邪恶。

所以你们定义我是个自私的人，是不准确的。这个'礼物'我不能收下……如果我有时候做了让你们觉得自私的事情，请你们当下就提醒我，我就会考虑或调整我的做法。谢谢你们帮我明白到我与你们一样，有个可以被随时定义的'自我'，有个无法被定义的'本我'。"

说完后请你再感受一下，你与大家的内心空间（意识）是不是突然间都变得广阔无垠了？

[实例二]"我是个差劲的咨询师"

左右心理/梁春梅

"今天我不敢把这么差劲的案例记录拿出来了。"我胆怯而害羞地说。不敢看督导邹中香的眼睛。

"哦，你最在意谁说你很差劲呢？"督导有些不留情面。

"是某某某，他会说这个咨询没有意义。会说我是个差劲的咨询师。"我抬高了声音。

"嗯，假设他现在正对你说'梁春梅，这个咨询没有意义，你是个差劲的咨询师'。你感觉如何？你会如何回应？"督导根本不想放过我。

　　"我感觉很糟糕，我是个没用的咨询师……"我想找个地缝钻进去。

　　"现在请和你的'本我'一起想象着对他说：某某某，今天这个咨询感觉有点牵着来访者往我预设的方向走，看起来效果似乎不错，但反思时我觉察到，你的两句话是重要信息，这个发现帮助我在以后的咨询中更细心，非常感谢你。现在我明白，有时咨询结果我并不满意，有时很满意，有时自我感觉很差劲，有时感觉我水平真不赖。说自己是个没用的咨询师，只是'自我'的一个评判，我的'本我'和你一样是无限、无法被定义的。我差点忘了这一点。"督导引导我说了这段话。

　　"说完后感觉如何？"督导像个导演在看着自己的作品。

　　"不害怕了，非常有力量。而且我猜那个人如果听我这么说也会很舒服的。"我真的解放了。豁然开朗、身心合一。

[实例三] "我是个糟糕的人"

左右心理 / 梁春梅

　　"我有病，别人可能认为我的病像艾滋病一样会传染，其实是不会传染的，但我还是尽量避免和别人近距离接触，免得认为我是个糟糕的人。"他低头难过地说。

　　"嗯，听起来你也认为你很糟糕。"我回应。

　　"是啊。"

　　"哦，如果张三说你是个自私的人，李四说你是个无私的人，王五说你是个善良的人，赵六说你是个邪恶的人，请问你究竟是个怎样的人？"

"不知道，我这个人很讲义气，我的朋友都知道的，而且我在外面也很开朗的，心也很善的。"

"是的，你也和我一样，有个'自我'，有时候讲义气，有时候不讲义气；有时候开朗，有时候沉闷；有时候自私，有时候无私；有时候善良，有时候不善良……你看此刻我用善良面对你，你却用沉闷面对我，可能下一秒又不同了。每个当下决定把一面呈现在别人面前，完全是我们自己说了算。记住，你不等于你的念头与评判。你还有个与所有人一样无法被定义的'本我'呢，他既不自私也不无私，既不善良也不邪恶……"

"听你这么一说，我的胸口好像没有那么闷了。谢谢你……"

（二）创造者

你的境遇由你的信念、情绪、思想、行为所创造，你每时每刻都在创造。你亲手创造了偏好的、不偏好的一切。

——邹中香·《创造者》

你是创造者，是你创造了这本书，是你创造了你正在读的文字。这个创造是这样发生的：

你意识到你有期待，或许期待某些改变。你的期待开始创造——可能你希望在教育或自我教育方面能有所突破，也可能你在寻找一本吸引你的新鲜的书。

于是，你被封面或其他内容吸引，你便想办法得到了它——你创造了它来到你的生命中。你正在读下去，于是，你创造了你正在读的这一页的文字。

"这本书、这些文字怎么可能是我创造的？"

假设你意识里没有这个创造，那么这本书即便出现在你家里，餐桌上或你伴侣的枕头边，你也不会捧起它来读它，你将对它视而不见，你便没有创造它，你便没有创造这些文字。

你捧起来这个动作就是创造，你读这些文字就是创造。

何止这样？你和所有人、事、物的关系，都是你这样创造的。一切都是你创造的。你是多么重要！（若希望更详细了解创造过程，建议阅读《创造者》）

"怎么可能？难道是我创造了匮乏的财务状况？是我创造了一点也不美好的关系？是我创造了讨厌的疾病？"

"是的。"

[实例一]"原来我真的是创造者"

左右心理/邹中香

"孩子非常内向，整天不说话，看个蚂蚁能看一天。唉……"家长忧愁地说。

"你创造了内向的孩子，你是创造者。"我回应。

他的孩子告诉我："我不喜欢跟爸爸妈妈一起总是外出吃饭，我情愿他们把我一个人放在家里，我不喜欢和很多人一起聊天，可是他们总是强迫我，去了就次次受批评，说我不懂礼貌，太内向。我觉得他们很无聊。"他情绪低落地与我聊天。

"嗯，你喜欢过怎样的生活呢？"我问他。

"我喜欢观察动物和植物，老师，你知道吗，有一次我看蚂蚁队爬树看了四个小时，它们……如果我长大能当动物学家、

植物学家就好了。"他眉飞色舞，与先前判若两人。

"哈哈，你很享受与动物、植物们待在一起的时光哦，那你有没有跟爸爸妈妈说，你想自己作主呢？"

"他们不听的，说小孩子就要听大人的话，说动物、植物有什么好看的？看那些有什么用？"眼神黯淡无光地说。

"嗯，我陪你去和爸爸妈妈说'爸爸，妈妈，你们希望我外向一点，希望我按照你们的要求到处去应酬，但那是你们的朋友，我喜欢和动物、植物们玩，很开心，我最想当的是动物学家植物学家，我求求你们不要逼我去外面吃饭，我想自己安排自己的时间，可以吗？'"他笑。

家访后，他得到了父母的支持，后来观察植物的写作，多次获优秀作文奖。直到小学毕业，他的每门功课，成绩稳居班级前三名。他仍然观察、享受着动物和植物们。

"原来我真的是创造者……"这位父亲感叹道。

有没有普遍适用的好方法，让教育者在每个当下支持孩子们呢？有：将"你作主——你是创造者"当成口头禅。

[实例二]"难以置信，真的是我创造的"

左右心理／邹中香

"我生二胎才一年，丈夫与我形同陌路，我们快一年不沟通了，他连家也不回了，我感到好绝望、抑郁。想离婚又担心孩子没有完整的家。不离婚的话，这样的日子我已经过不下去了，怎么办？我想死。"她求助我。

"是你亲手创造了这样糟糕的婚姻关系，你是创造者。好

消息是，你既然可以将你的婚姻创造成这么不喜欢的样子，你也可以创造成你喜欢的样子。"我微笑着望着她。

"邹老师，这明明是他的错，怎么是我创造的？他不顾家，不帮忙带孩子，家也不回了，不关心我，不和我沟通，不给我钱用，我要帮大的辅导作业，带小的也很累，还要做家务，工作停了也让我很焦虑。如果他有责任心，我怎么可能这么痛苦？"她不满地说。

"嗯，请你描述一下，你满意的婚姻是个什么样子？"

"我希望他每天与我有交流，是充满感情的交流，关心我，爱我，主动给我钱用，帮我分担家务，帮忙一起辅导孩子作业，帮我带小的，不在外面过夜，关心我的家人，做一个有责任心的男人。"她笑。

"你用什么会创造出一个这样的他呢？"我问道。

"爱。我知道了。我也有很多做得不好的地方，他创业刚开始，不够资金，让我去娘家借钱，我不相信他能成功，也不相信他会永远爱我，所以不帮他借，他就开始与我远离了，说我不爱他，不关心他，不支持他。确实，一开始我是不爱他的，也想过和他离婚，后来孩子都生了，就凑合着这样过。"

"嗯，你是否明白了，你创造了一段你不爱他的凑合婚姻，然后还想从中得到爱。不过现在你明白了你是创造者，那你准备怎么办呢？"

"我要学着去相信他，爱他，支持他，他就会对我和孩子好的。"

"你确定去爱他吗？而且你确定他会爱你和孩子吗？你打

算如何先爱自己？"我逐一问道。

"是的，我确定。其实他是很爱我的，只是我一直嫌弃他。谢谢老师，我知道该怎么办了……"她愉悦地道再见。

[实例三] 臣服是伟大的创造！
左右心理 / 邹中香

一位好不容易怀孕的准妈妈，孕检时查出孩子先天性发育不全，即便生下来也是重度残疾。是继续待产还是人工流产？她感到极度绝望、痛苦万分。

"怎么办？流产我不想，继续生下来我也不知道我将如何面对。"她哭着求助道。

"这对你确实是个考验，也可能是个恩典，如果你打算生下这个孩子，你将要付出比其他妈妈更多的爱，更多的包容，更多的自由时间、空间、汗水、艰辛，但你的爱将是无条件的纯粹的爱。这样的爱是送给孩子的礼物，同时也是对你的生命的洗礼与升华。"

"我决定生下来，就算丈夫因此离开我，我也要生下来。我自己养。"她坚定地说。

[实例四] "你创造的经济压力"
左右心理 / 邹中香

"我每天都不开心，服装店生意也不好，就是感到压力很大。"爱学堂一位学生家长求助道。

"哦，你没有活在当下，你给未来创造了一个怎样的吓人

的故事？"我笑道。

"呵呵，可能是担心小孩吧。"他笑。

"哦，担心小孩未来的什么呢？"

"担心他长大了，我没有存钱支持他创业。"他终于知道他的压力来自哪里了。

"哦，现在孩子六岁，你希望能在他多少岁给他多少钱支持他创业就感到开心了呢？"

"我希望在他二十六岁给他二十万创业。"他开心地笑。

"哦，还有二十年，这二十年里每一年你们夫妻俩只需要存一万，即每个月存一千块钱，有没有压力？"

"哈哈，这简单，完全没有压力嘛。"

"你看，前面是你创造了压力，现在这个当下没有压力了，也是你创造的。"

（三）伟大与平凡

"道大、天大、地大、人大"，人是域中四大之一，你是多么伟大！

每个人都和你一样，所以你又是多么平凡！

当你感到自卑自怜"我没用；我赚不到钱；我不值得爱"或自暴自弃"算了，混一天算一天"时，记得这只是你头脑里的想法而已，赶紧从想法里出来，马上回到当下。

本章特别提醒你，老子在《道德经》里说，"道大，天大，地大，人亦大，域中有四大，而人居其一焉。"

看到你的伟大了吗？天地之间，只有人有自由意志，可以创造与体验你偏好的，可以无限体验一切情绪，你看，你想烦恼，你便可以分分秒秒烦恼；支持你活着的"空气、氧气、阳光雨露"等等无限供你免费使用……

切莫妄自菲薄。下面这个小冥想将帮助你看到自己的伟大：

请想象你在银河系，你看到太阳系像一颗灰尘；接着请想象你来到了太阳系中，看到地球像一颗更小更小的灰尘；然后你在地球上找到你的国家，它像一颗越来越小的灰尘；你在这颗灰尘里找到你所在的城市，你的房子，它小到几乎不存在，在这颗小到几乎不存在的灰尘中有个你：

域中四大之一的你；

无法被定义的、无限的你；

自然界中唯一拥有自由意志的、创造者、体验者的你；

可以淋漓尽致体验人间苦辣酸甜、爱恨情仇的你；

被宇宙中的一切无限支持着的你；

……

当你产生优越感，看不起别人，或攻击别人时，请用下面这个冥想，可以帮助你看到自己的平凡，切莫妄自尊大：

请想象你站在令你有优越感的人面前，对他们说，我和你们每个人一样，都在被创造中创造着自己偏好或不偏好的一切，我的"本我"也和你们一样，无限、没有属性，只是存在；我的"自我"和你们一样是创造者、体验者，也常常感觉到受限、受苦。我没有比你们中的任何一位更优越，我也是从接受生命而来，经历生老病死，若干年后一样化为尘土，最后回归到生命源头；

我也需要和你们一样，去效法大地母亲的包容，效法苍天的毫不拣选的给予，效法"道"的回归自然。遵循"道"的运行法则，我完全无法例外。

[实例] "伟大与平凡无关年龄"

——苏妮红

"喂，你是谁啊？"正在读幼儿园的小外甥发来视频邀请。我想看看这么小的孩子如何看这个问题，我明知故问。

"哈哈，你猜猜我是谁？"小外甥开心地与我玩起来了捉迷藏游戏。孩子真是天生的好演员啊，直接上演，不用预约的。

"我不知道啊，你能说一下吗？"我继续装。

"我是我妈妈的儿子啊，那你说我是谁呢？"小家伙也明知故问。

"我怎么知道你妈妈的儿子是谁？世界上那么多妈妈呀。"我哈哈大笑道。

"你是我小姨啊，妈妈说我是你的小外甥呀。"他笑。

"是嘛，我的小外甥有好几个呢，那你到底是哪一个啊？"我捂着嘴巴偷笑着说。

"我是陈荣浩啊，我是那个胖胖的小孩子，虽然比妈妈矮，但是比弟弟高的小孩子啊，小姨你忘记了啊？"他有点急了。哈哈。

"噢，是陈荣浩啊，陈荣浩只是你的名字啊，妈妈的儿子是你在你妈妈面前的身份呀，长得胖胖的高高的，是你的身体呀。我还是不知道你是谁呀。如果你改名不叫陈荣浩，那你还是不是你呢？"

"小姨，改名不叫陈荣浩的话，那还是我呀。"他又笑起来。大概觉得真是场愉快的谈话。

"哦，原来陈荣浩这个名字并不是你，只是一个名字。名字不等于你，对吗？"

"对啊小姨。"

"那小姨再问你，你说是妈妈的儿子，那如果是别的妈妈呢，你就不是他们的儿子了，如果是爸爸在面前，你就变成了爸爸的儿子了，对吗？"我忍住笑痛了的肚子，不知道小家伙是否被绕晕了。

"是呀小姨。"

"好的，可是我还是不知道你是谁。如果你以后变瘦了，你还是你吗？"我继续。

"瘦了也是我呀，以后长大了，长老了，都是我呀。"他可能在笑，"小姨怎么连这个都不知道呢。"

"那你到底是谁呀？你看，你刚刚告诉我这么多，你叫陈荣浩，可是你又告诉我说不叫陈荣浩这个名字了还是你；你是妈妈的儿子，也是爸爸的儿子，不是其他所有妈妈爸爸的儿子；长得胖胖的高高的也是你，长大了长老了以后还是你，怎么这么多你呀？"

"小姨，你们班的老师没教你吗？是呀，这都是我呀。"

"陈荣浩，我的老师真的没教过我，请你教一下我吧，你怎么知道这些都是你呢？"

"是呀，我就是知道呀。"大笑。

"哦，如果你不知道，你还是你吗？"

"那，那，那要是我不在了，要是我睡着了，那我还是不是我呀？不知道了。"他终于困惑了。哈哈。

"还是你呀。因为你是意识。意识是永恒不灭的。等你再长大一点点后你就明白了。谢谢小外甥今天与小姨聊这么多，帮助小姨明白了你是谁。"

"小姨，不用等我长大后，现在就告诉我，什么是意识嘛！"

"好。意识就是你刚刚说的'我不知道'这句话中的'知道'，明白了吗？"

"明白了小姨，意识就是知道。我就是那个知道。是吗小姨？"

"是的。下次我们接着聊好吗？和你聊天好开心，下次再请你当我老师吧。拜拜。"我愉快地挂断了视频聊天。小小地被震撼到了，原来伟大与平凡无关年龄。原来这么小的生命也本自俱足。原来伟大就是每个人都有的那个"知道"，原来每个人一样平凡，因为都有个"知道"。

（四）成绩不好，不是你的错

"用心了就好"成为教师、家长、学生，乃至每个人的口头禅，该多好。

相信你已批评自己够多了。你可能每天都在暗地里批评自己。

即便你是某间名校校长，成绩突出；即便你是优秀教师，

蝉联好几届；即便你是优秀学生，得了多少奖学金；你也一定常常批评责怪自己："我还有别的错，总之我还有某些方面是错的……"

人们都是这么虐待自己的。还有来自其他人的批评呢。

那么，成绩差的同学呢？他们多么希望听到"成绩差不是你的错！用心了就好"。

不过他们似乎没有这样的意识，以为自己成绩差就应该被这么对待。

曾经我的数学学得很不好，真不是我的错，当然也不是在说是数学老师的错，我相信那个老师也是做了自己能做到的最好的了。

喏，数学老师是这么教"一分钟"的："同学们，今天学习时间，我们先来看1分钟，1分钟是多少呢？1分钟等于60秒，知道了吗？"

"秒是什么东西？"天哪，我真的不知道什么叫"秒"。与全班同学一起跳六十下，或用手在自己脸上拍六十个巴掌当是玩一下也好啊，也帮助和我这种逻辑思维弱的同学，理解到原来六十下就是一分钟，原来拍一下巴掌就是一秒，这样也好啊。

我的数学被"秒"毁掉啦。不感兴趣了啊。

我从来都认为，小学教师最重要。不但逻辑思维得强，形象思维、感性等方面，得更强。得常常留意或问学生是不是听懂了，如果听不懂，要频繁地告诉学生：听不懂不是你的错！考零分也不是你的错！用心了就好！

如此，谁还会讨厌学习、讨厌老师？成绩差的学生谁还会

不用心学？谁会不享受学习？

[实例一]"考得不好，不是你的错"

左右心理 / 邹中香

"你刚刚为什么哭啊？看起来很不开心的样子。"我问一个五年级的女同学。

"又被同学笑了。"声音像蚊子般小。刚干的眼泪又出来了。

"同学为什么笑你呢？"

"又考了倒数第一。"眼泪滴到本子上。

"来，抬头看着我的眼睛，仔细听啊：'即使是考零分，都不是你的错！你没有做错任何事！对所有人说这句话，能做到吗？"

"嗯，知心姐姐。"她用泪眼惊奇地望着我。

"来，尝试着对我说出这句话。"我鼓励着。

"知心姐姐，即使是考零分，也不是我的错。我没有做错任何事。"她满脸通红通红。

"现在感觉如何？"我问。

"很好。"

"每天我都看到你很努力，你看你的字写得这么好看，端正有力。这里每个人的字都没有你写得那么用心，用心了就好……以后不会做的作业多请教，继续利用空余时间做你喜欢的事吧……"

[实例二]"成绩不好不是你的错"

——李桂明

"小黎，你看起来很不开心，发生了什么事吗？"

小黎低着头不说话。看着桌上的图画本。

我好奇地问："画的什么啊？哦！像是老虎。"

"不，那是个人。"小黎看了我一眼。

我用手指着画上的人说："就是这个人把小黎惹不高兴了吧？"

"不是，是我姐姐。她总是说我不听话，爱玩，很烦人，学习成绩又不好。我觉得我很听话，可姐姐还是说我很烦人。"她委屈地说。

"嗯，我觉得不听话、爱玩、成绩不好都不是你的错，在这里我和小朋友们都喜欢和你玩呢。你能这样和你姐姐说吗？'姐姐，我不听你话、爱玩、成绩不好，都不是我的错！请姐姐告诉我，我做错了什么？'"

"我能。成绩不好真的不是我的错吗？"她问。

"嗯，你认为成绩不好是你的错吗？错在哪呢？"

"可是妈妈和老师总是说我不努力，太贪玩了。"

"哦，你自己认为呢？"

"我有很多作业不会做，问妈妈和姐姐，她们都不会。"

"哦，你是说你在学习上需要帮助时得不到他们支持，成绩才那么差的是吗？"

"嗯。"

"那么以后你不会做的作业，放学后早一点点来430学堂，

姐姐教你，或请教高年级的哥哥姐姐，在学校里就问老师与同学们，好吗？"

"好，谢谢姐姐。"

第三章　丢掉限制性信念

（一）"创造"死亡

身体是一段旅程，死亡是永恒的生命源头。

死亡焦虑，是人完全脱离了当下，相信了头脑创造出来的恐惧的故事而导致。

而且头脑总是带着你试图去别人、导师、未来某处找到救赎。

然而，活在当下，是唯一的救赎。

希腊自然哲学家伊壁鸠鲁说得好：当我们活着的时候，死亡还没有来临，当死亡来临的时候，我们已经不在了。

这便是哲学的魅力。但如果你不愿意这样想，你偏好"死亡就是恐怖的，哲学只不过是掩耳盗铃的自欺欺人的"这样想的话，谁会阻止你这样做呢？反正你相信什么，就过什么样的日子。

说到底，对死亡的恐惧，来自别人无意识地教导，和你的头脑全盘接受并相信、强化的：死亡是悲惨的、可耻的、恐怖的，死亡是一个结束，是难堪，是不幸，是惩罚，是报复，是遗弃，是攻击……

常听到的一句话是"就是我的父母或谁谁谁死得太早"，就好像那个死去的人成了你当下境遇的罪魁祸首似的，就好像那个人不死去的话，你就一定比当下卓越似的。

这是很极端的、很疯狂的头脑创造出来的二元对立。

对死亡的极端的、有限的、错误的认知，是让人焦虑、痛苦的根源。这样的案例很普遍：

"我才三十岁，就得了癌症，医生说我还有几个月可活了。老天为什么要这样惩罚我？"一位癌症患者如是说。

"那么你认为多少岁的人应该得癌症？你确定得癌症是一种惩罚吗？死亡是惩罚？你确定老天爷是爱惩罚人的计较的？"我问。

"邹老师，我喜欢你的质问，我一直觉得得癌症是我的错……"

假设死亡是去赴一场舞会，而你非常热爱跳舞，舞会上准备了丰盛的食物和美酒，等待着你到来，那里有各种打扮的人们在优雅地跳着，你融化在舞池中了。问一问自己：还害怕死亡吗？有谁会阻止你"创造"这样的死亡？

假设死亡是一个深深的睡眠，一觉下去没有再醒来，这是不是一种解脱、自由、祝福？有谁会阻止你这样假设？

假设死亡是一趟回家之旅呢？你放下了一切（事实上是），没有带任何行李，你只想快点回家。

假设你在临终时听到人们在说：

"好家伙，你的一生值了，做了那么多好事，祝福你快乐而满足地回到生命源头去吧。"你的亲戚朋友在说。

"你坚持自己的梦想不动摇，值得我学习。"你的死党在说。

"我的爸爸/妈妈活了很久，因为他/她创造了很多美好的东西。"你的孩子在说。

"虽然难过，但我为他／她感到自豪。"你的父母在说。

"虽然他／她死了，但精神永生。"好多人很久以后还在说。

"欢迎你回来，去地球上一趟，玩得还很尽兴的嘛。剧本演得真不赖，任务也完成了，干得漂亮，来，为你接风洗尘。"生命源头的小伙伴把你抬起来往上抛……

亲爱的，你还会害怕死亡吗？

你打算创造哪种假设呢？你看，你的打算就是创造。

下面的冥想，将有助于你进入死亡的更深处，一窥她的面貌：请想象一颗种子，在泥土里，一个当下，一个当下地生长着，在某个当下，它破土而出，变成一根幼芽，接受阳光、雨露、空气等等的滋养，向上，向下，向左右四周，长高，长深，长大；又一个当下，它长出了枝叶、开出了花朵、结出了果实，它更高了，更大了，根更深了，更远了，它经历了一个个季节的更替，它变老了，它的果实有的被人们、动物们享用了，有的被人们当成种子，种在很多地方，变成了果园；有的落在泥土里，变成了种子，又发芽、开花结果，进行下一个循环；有的果实腐烂了，就成了肥料；一个当下又一个当下过去了，它的枝干枯了，叶落光了，不再有果实了。

有一个当下，它倒下了。它化身成了无形的能量而无处不在：它变成肥料，滋养它的根，泥土，伙伴，种子，树子树孙；它化身为阳光雨露、天空大地、风云雷电；它化身为所有的一切。它无限，它永不消失。每颗种子都是这样永恒、无限、自由。

[实例一]"原来我怕的不是黑，是未知……"

萤火虫社工/阮焯坪

"小的时候，我也跟一般小孩子一样怕黑。即使现在成年了，黑暗依然令我生畏。害怕黑暗，应该是人与生俱来的吧？"我想。

有一天，我看到了"黑处有什么"这句话。"黑处有什么？令我感到恐惧的是黑处？是黑处里的黑暗？"我自问。

"难道从小到大的经历之中，我没有试过沉浸在完全的黑暗中，伸手不见五指的那种黑暗，真的就会产生害怕的情绪吗？"我向自己内在继续探索。

"不，随着我的长大，我已渐渐学会去享受那份黑暗，与随之而来的宁静，沉浸于其中忘却自我的感觉。害怕的情绪不是来自黑暗。"我确信害怕不是来自黑暗。

"那么一定是'黑处有什么'中的'什么'了。对，是'什么'，那是什么呢？"

"黑处有什么呢？它是未知的，是这份对于未知事物的恐惧？对了，就是它！因为黑暗笼罩了一切，一切都有可能存在于这片黑暗之中，我对于未知的恐惧，就是我对于这个问题的答案了。黑处有什么？——对未知的恐惧！哈哈。"我欣喜若狂。终于找到你了。

"未知有可能意味着危险，意味着对个人可能产生伤害，或意味着死亡。嗯，原来我在害怕的是死亡。"

我想对和我一样怕黑的年轻人说：

在生活中，我们遇到了一些事，连开始着手准备都没开始，就一直一味活在恐惧之中，好像只要我不踏出第一步，我不走

进这片未知的黑暗之中，我就是安全的。但是，这样止步不前，永远不知道"黑处有什么"，只是被无形的黑暗（恐惧）拦在了未来的可能性之外了。记住，你这艘船停在港湾里不出去是很安全，但是船不是用来停在港湾里的，是要航行到大海远处的！

[实例二] 临终关怀——"谁说患病是惩罚？"

左右心理 / 邹中香

"我的日子不多了，也没有什么大遗憾，就是放心不下老伴儿，他一个人，没有人照顾他。唉！不知道我前世造什么孽了，老天爷要这样惩罚我，老了还要得这样的病……"

"哦，是什么让你认为老天爷是个爱惩罚人的家伙呢？而且你确定得病是一种惩罚吗？得病是年轻人的专利？"我问。

"呵呵，不知道。你这样一问，我感觉我想的是错误的。"

"是的，人们都以为得病或死亡是一种惩罚，是因为自己犯错了，才生病才死亡。好像死亡这件事必须得按照自己认为的方式进行，况且人也不知道自己会以哪种方式死亡呀。如果把死亡当成是回到生命源头，而且有先你而回去的伙伴、家人在那里迎接你，你的老伴儿早晚也会回到那里，你会如何？"

"那太好了，听你这么说，我心情好多了。谢谢你。"

[实例三] "谁说去世是意外？"

左右心理 / 梁春梅

"我叔叔婶婶靠养鱼为生，那是在我进入强戒所前几天，他们在海里，想把被风吹翻了的渔船弄好，谁知掉进海里淹死了。

是我将婶婶的尸体捞上来的，她死的样子一直在我眼前浮动。过了几天叔叔的尸体才被找到。我几乎夜夜睡不着，我无法接受这个意外。"求助者痛苦地回忆道，他用双手用力揉脸。

"嗯，你觉得这是个意外。那么你觉得他们应该以怎样的方式死去，才不是意外呢？"我问。

"我不知道。没想过这个问题。"他困惑地望着我。

"当你觉得这是个意外时，等于你在说，他们应该按照你意料之中的方式，比如活到80岁或100岁，就寿终正寝，才不是意外是吗？"

"可能是的。但是不一定每个人都能活那么久呀。"他笑了。

"不错的领悟哦，我们并不知道自己和别人，会以哪种方式死去，所以我们就以为寿终正寝才是正常的死亡，其他死亡都是不幸，是残酷，是意外事故。你叔叔婶婶靠海为生，每天与海亲密接触的时间比在家里还多，他们死在海里，是不是比其他任何一种死亡方式都更有可能性呢？"

"就是，听老师这样一说，我感到轻松多了。也不再觉得他们的死士是意外了。"

（二）疾病不是你的错

丢掉"我有疾病"等信念，与疾病握手言和，全然享受当下，疾病反而可能离开你。

丢掉"我有疾病；我究竟做错了什么？要让我得绝症？"等信念，不是让你否认正在疾病中的事实，也不是不去看医生，

而是在每个当下，接纳疾病的存在，不抗争，与疾病共存，这听起来很难，很不可思议。

"不，我才不要与疾病共存，我要消灭它。"绝大多数有疾病的人，被"我有疾病"的头脑占据并控制，很难放松，总想干掉那个疾病，便一直处于紧张战争状态中，这又使"我有疾病，我的疾病还没消灭"的消极、战争的信念得到强化，然后进入下一个循环……

三年前，我的肾结石直到肚子剧痛才去医院检查被发现，一粒结石比较大，肾里有积水，我做了取石手术，医生叮嘱我要多跳，多喝水。半年后我去复查，发现术后干净的肾里面竟然长出了多粒小石头，医生说石头还小不碍事，你就吃药，多跳，多喝水，半年后再来复查。

我不想再吃药了，决定愉快地接纳它们在我身体里。我每天傍晚去大自然散步，慢慢地就忘了有结石这回事，半年后复查，结石竟然消失了，医生惊讶地说："这怎么可能？"我说可能是我心情好的原因吧。医生的"呵呵呵呵"似乎在说："你说是就是吧。"

这并不等于我在说，"我能保证肾结石永远不再发生在我身上了。"后来的两年里我甚至不再去复查了。这种不对抗的心态与行为，帮助我平和地享受每个当下。

这并不等于我让人都不要去看医生。如果你喜欢且一定要看医生的话，丢掉"我有疾病"的信念，可能"奇迹"也会发生在你身上。不少癌症患者放弃治疗后反而活了更久。

人的行为是受信念指挥的，丢掉"我有疾病；四十岁身体

就走下坡路咯；生病必须看医生；得绝症一定会死；是医生治好了我的病；我必须依靠医生和药物"等信念，才不会沦为信念的奴隶，在每个当下做出有利于健康的行动。别在身体疾病上再制造心理上的痛苦。

在行动上，如老子在《道德经》里说的"远离死地"，比如丢弃影响健康的所思所想所见所听所言所行。这是指尽量不让外在境遇影响心情；在饮食上尽量吃天然非加工的当地食物；饮洁净的水；多呼吸新鲜空气；保持充足的睡眠；适量地运动；保持营养的均衡。

[实例一]"生病不是您的错"

萤火虫社工/郑美婷

"……我有癌症了，可能是年轻时工作太拼了，老天看不过去，要我一定休息吧。刚得病那会儿我也天天哭，然后身边的亲人就跟着我一起伤心。我就更难受了。谁不怕死啊，我也怕啊，但是我更怕连累家人。所以不乐观不行。"

"嗯，阿姨，您的乐观对身体也会好呢。您为家人考虑得很多，他们一定也非常爱您了。"

"对啊，我先生和我孩子对我都很好，我有4个孩子，年轻时，家里什么都没有，我和先生一步一步熬出来，孩子也有出息，都是名牌大学毕业，有很好的工作，现在啊基本都成家立业了，他们还经常会一起回来聚餐，感情很好。我们每年都会一起到外地玩玩呢。我还打算过一段时间就退休，在家好好带带孙子孙女玩。不知道怎么的，就碰上这样的事了。唉，不知道我做错了什么？"

"嗯，看得出来，您的家庭关系很好，其乐融融的。发生了这种事，难受也正常。不过，得病不是您的错啊。"

"嗯，听你这么说，我感觉好多了。我以为老天在捉弄我呢。呵呵。我的家人他们是很爱我，经常买东西给我，说补一补。这几次化疗，成效都不错。我前一段时间下来走路都不行，现在还能自己到处走一走，其实老天对我也不薄了。谢谢你，和你聊后，我感觉更轻松了。经历这次病，我才发现他们原来这么爱我，我更珍惜现在的生活。"

[实例二] 生病必须看医生、吃药？

左右心理 / 邹中香

"得个感冒还要看医生？"一些从不吃药的人这样问我。

我以为他们在开玩笑。"生病不吃药不看医生，难道自己会好？"我一有感冒征兆就赶紧买药吃，或看医生。有天一个医生说："医生与药只是辅助，真正的疗愈是身体的自愈能力。"

这不正与"意识创造一切"不谋而合吗？

于是我决定实证。去年，我感冒了两场，第一场感冒是四月份，我开始是一点儿头痛，我不去看医生也不去药店自己买感冒药，我只是保持愉快心情，照常外出散步，接着发展到咳嗽、流鼻涕、喉咙痛，经历了四天，感冒它自己离开了。那是我人生中第一次生病不看医生不吃药。

这不正如大自然一样有自己的智慧吗？无数的动物、植物、矿物们的生命中哪有医生这回事儿？花儿突然自己从空无中绽

放出来，何须努力达成？某天自然凋落，何须疗愈？

我绝不是在让你讳疾忌医，是分享信念的力量在我身上发生的作用。当然不代表我再也不看医生了。

是否丢掉"我有疾病"等信念，你自己作主！

健康不用努力取得，疾病不用努力消灭。你看自然界中除了人类以外，动物、植物、矿物有哪个是在努力抓取健康、努力避免疾病？努力中包含了消极、对抗、不满、憎恨等情绪哦。

[实例三] 丢掉你的限制性信念！

左右心理 / 邹中香

"……我的癫痫病好多年了，我感觉在同事中抬不起头，不敢找女朋友，经常想着死了就好了，我不知道别人是怎样看我的。前年好不容易谈了女朋友，同居一年，准备结婚，检查到我不能生育，女朋友虽然支持我积极治疗，但我想分手，不想拖累她，为什么苍天要这样捉弄我？"他双手抱头。

"你是说得癫痫病与无法生育两件事，是苍天在捉弄你，是吗？"我问。

"是，不然为什么这些倒霉的事全部发生在我身上？我到底做错了什么？"他气愤地说。

"如果你还想好好活下去的话，你必须彻底丢掉'我到底做错了什么？'和'苍天为什么要捉弄我？'等错误信念！谁说你不能得病？谁说得病是苍天在捉弄？这都是你的头脑里用来折磨你的故事，如果你紧抓不放，那么一个一个当下就被你毁掉了。"

"老师，我如何能丢掉？"

"你没有做错什么！苍天也没有捉弄你！如果你能接受'癫痫病与无法生育'的事实与痛苦，将它们当成是一种恩典，找到你的'本我'，他既健康也无疾病……"

"那我应该如何做？"

"丢掉头脑里的故事，每个当下做你必须做的，比如你想去治疗的话；在你能力范围内做你想做的，做到极致，对结果零期待。然后，可能想不到的惊喜在等着你呢。连这个期待也放下，活在每个当下里……"

（三）女性的"痛苦之身"

月经是一种生命能量在生理上的展现。

而月经期，女性常常被"痛苦之身"所控制。

——埃克哈特·托利

月经与"痛苦之身"，困扰着不少女性。

有幸接触到埃克哈特的·托利的文字后，我的痛经虽然偶尔还会发作，但它已不再成为我心理上的痛苦。我能愉快、有效地搞定这个痛。是他这段文字终结了我心理上的痛：

痛苦之身通常有个人和集体两个层面：个人层面是个人通过过去所遭受的情感痛苦而积累起来的；集体层面是人类集体心灵经过数千年以来的疾病、折磨、战争、谋杀、残暴和疯狂所积累起来的痛苦。

除了个人的痛苦之外，每个女人还分担着我们所描述的女

性集体痛苦之身——除非她已经完全有意识了。这种加诸女性的积累的痛苦之身主要包括男性对女性的压迫所带来的痛苦，如奴役、剥削、强奸、生产、失去孩子等千百年来形成的痛苦。

如果你正处于月经之痛中，例如：你是青春期刚来月经不久，怕被别人发现，你担心、烦躁、讨厌月经既脏又影响你心情；或你不再青春，你有痛经；或你月经期心情烦躁总想要理解。尝试以下两个步骤都将非常有效：

第一步：观察你的头脑，即来自"自我"的声音与情绪，"讨厌，又要来月经了；烦死了；永远都不要来该多好；为什么女人一定要来这么讨厌的东西？最好快点结束；为什么那个人那样对我？为什么没人理解我？男人就好咯，不用受这样的苦，下辈子不做女人了；死了就好了，就没这么麻烦了……"当然我并不是说所有这些声音与情绪你一定都会有。

观察这些声音与情绪，是为了让你警觉，这些都来自头脑思维，而你并不等于思维！记住这点很重要！你不等于你的思维！思维总是带你离开当下的。

第二步：从思维中出来，采取行动。这是什么意思？从思维中出来，是指停止制造心理上的痛"埋怨，自责，发脾气"等，而是去充分感受你生理上的痛，比如抚摸你的肚子，用热水袋或药包敷；或烧艾灸；或看医生，等等。

如此坚持下去，你便会超越"自我"，超越那个痛，疗愈你的"痛苦之身"，痛经有可能离你而去。

即便痛经仍然在，但你已不再制造心理上的痛苦了。

[实例一]"该死的月经，为什么害我？"

左右心理 / 邹中香

"……在我中考的那天，简直是最黑暗的人间地狱。那天正好是来月经，怕出意外，我放了两张卫生巾。但考完试后我赶紧上厕所，还是将裤子弄脏透了。我躲在厕所里用水抹脏的地方，我想哭又哭不出，想骂不知道骂谁。抹完后裤子都湿了，我不敢出厕所门。等了很久，我小偷一样溜出厕所，像是有千百双眼睛盯着我看。我家离考场非常远，那天晚上我住在附近的亲戚家，那是妈妈的亲戚，我不熟，不想也不敢和他们聊天，特别是男亲戚比较关心我，我不想和他们聊那么多，我只想快点吃完饭，躲进房间，免得那该死的月经被别人发现。那天晚上，血将我本来还没干净的裤子又弄脏了，为什么？为什么要来这些东西害我……"

"嗯，你觉得月经是在害你，让你感到紧张、丢脸、手足无措，确实难为你了。我也有过类似你这样的经历，其他女生几乎都有过类似'丢脸'的经历。虽然月经是女性的生命能量的象征，表明我们的生理发育是正常的，如果有意识地接纳它，便能化'敌'为友，但是，如果将它当成敌人，它确实就成了每个月与我们作对的'敌人'了。"我回应她。

"听老师这样说，我感觉放松一些了，我以为只有我有这样的经历。那你是怎样处理的呢？"她问。

"接纳它是我们女性的专利，既来之则安之，虽说如此，有时也会像你这样觉得既麻烦又丢脸。但有时月经不来了，又担心，我曾经有两个月不来月经，就担心自己生理生病了，吃

药打针仍不见来，压力更大呢，后来不理它了，自己就又来了，慢慢地，开始接纳它了。月经对大多数女生都会是一个考验，当你接受考验后，就不会被它所烦啦……"

[实例二] 情绪可能导致痛经
——李桂明

"我最近挺烦的，痛经了。不知道是不是自己感情又会出问题了。"晓炎一脸苦恼地说。

"又和男朋友闹矛盾了吗？"我猜测。

"对啊，其实也不算什么了，经历过了那么多矛盾现在很珍惜这段感情，我现在性格比以前好了很多了，他说忙的时候，那我也就不打搅他了，很少发信息给他，所以现在的感情问题让自己觉得苦恼，更苦恼的是痛经。"晓炎答道。

"嗯，你觉得自己情感上很委屈却不知如何做？是不是这也导致了你痛经呢？委屈和其他的情绪总是堵在心里，应该是导致痛经的根源。"

晓炎连连点头说："嗯嗯，特别是在我月经前后，每次发信息给他，他好久才回复我，回复的时候也是那种要理不理的态度，有时候也会和我冷战，几天都不理的那种，我只是希望他偶尔发个信息给我，下班了可以聊聊天，或者说一下今天遇到什么事了，交一个男朋友不就是那样的嘛，要不交男朋友干吗的？而且我不希望只是我在付出，这都不是我想要的爱情。"

"嗯，你看，月经期将这么多情绪闷在心里和身体里，不痛经才怪呢？你想要的爱情是什么样子的？是他经常要陪着你或者是他主动与你聊天？"

"呃，有道理。我想要的爱情是什么样子，这个我也不知道。他的理由是，有时候工作累了，没有看手机；有时候因为在玩游戏没有回复我。不过他就是那种不怎么喜欢聊天的人，特别是不喜欢在手机上聊天，本身也有点内向。"

我笑着对晓炎说："你既然都知道他不理你的原因了，还要生气、烦自己、折磨自己，被你的头脑控制吗？"

"真的，就是自己在烦自己，自找苦吃，胡思乱想太多了。"

"是的。一段感情就是这样的，有甜蜜，有吵架、抱怨等等，最重要的是当下，接纳当下，别被你的思维控制，觉察并及时停止去想那些让你觉得痛苦烦恼的剧情，你就不会有那么多情绪了。你的痛经可能就消失了呢。"

"嗯，我似乎明白了很多，谢谢你开导我，我感觉自己不再害怕痛经了，下次可能不会痛了。再痛我也不向他发脾气了。"她笑着说。

"那么恭喜你哦，你是说我的话让你明白当下能解除痛经？"

"就是，我的大导师。还解决了我老是在月经期找他麻烦的问题，哈哈。我原来积压在心里的情绪真是太多了……"

第四章 情　绪

（一）有情绪不是你的错

情绪是思维在你身体上的正常反应，它是能量。当情绪来临时，观察它、说出它即可。

绝大多数求助者认为，有情绪是自己的错。"他们都说我是个情绪化的人；我总是很多情绪；我不懂如何控制情绪……"好像有情绪是一件无能、丢脸、错误的事似的。

教育者、家长、孩子们大多数也这么认为。以为自己、他人的情绪是不应该的。是需要压抑、控制、避免的。"别哭了，再哭打你；有什么好哭的？你怎么那么多情绪？你需要控制你的情绪；男人不能轻易表达情绪……"

这些想法与行为都是无意识的。

情绪是思维在你身体上的正常反应，就像电脑的显示器一样，将主机里的所有信息反映给你看。就像这样：

自我的恐惧→指挥你抓取→将抓取到的进行解读→产生情绪。

自我的恐惧: 恐惧死亡; 恐惧失去些好的; 恐惧得不到好的; 恐惧那些消除不掉的过去;

自我指挥你去抓取，于是你有目的性地采取行动;

将抓取到的进行解读: 为你的抓取物贴标签，好的或坏的，

对你有益的或有害的；

产生情绪：与目标相符的，你产生积极情绪；与目标不符的，你产生消极情绪。

例如你是一名教师：

学校要求教师们必须考某个证书，这是个指标，不考就淘汰。你恐惧被淘汰，你无意识地认为被淘汰便失去工资；失去自信，或失去家庭，失去爱……可能会死？

于是，你逼自己努力参加培训，自学，还得应付日常工作。

考试结果出来了：你没通过。你对结果进行解读，"糟糕，又得重考，真是麻烦；补考又不过怎么办……"

你心情坏透了，担心、失落、焦虑、自责……各种情绪都来了。

情绪令你感到胸闷、胃胀、憋气，或生病。你可能无意识地进行下一个循环：自我的恐惧加倍→指挥你加倍抓取→将抓取到的进行过分解读→产生更多情绪。

怎样打破这个循环？提升意识！

提升意识是指：

第一步：先观察你的身体反应，比如考试结果出来后，你发现你胸闷，胃胀，这就是情绪在你身体上的反应；

第二步：将你的注意力放在胸闷、胃胀上，可以有意识地抚摸这两个部位，观察是什么情绪导致，是自责？担心？

第三步：观察是什么念头导致了自责与担心。是"真没用；怎么办？下次又要重考，万一又过不了怎么办？被淘汰了怎么办？"

第四步：对自己说"亲爱的，我看到你正在自责，在担心

被淘汰，担心淘汰后的未知危险，自责与担心让你胸闷胃胀。这些都不是你的错。"一边说一边充满爱地抚摸不舒服的部位。切记！别问"为什么？"别问："我应该怎么办？"只是去重复做第四步，放下对结果的期待。让答案自己来找你。

如果仍不见缓解，请继续重复第四步，直到你完全舒服为止。这一步非常重要！非常有效！

如果你说："不，我不想这样做，这看起来很傻。怎么会有用呢？"那么，就等于你在阻断情绪的流动，情绪是能量，是爱，阻断能量、爱的流动，将会危害身心健康。

下面是一个情绪流动的例子，帮助你深入了解情绪的运作：

假设你是这个例子中的主人公。

两个星期前，你与心爱的人因为意见不合分手了，你体验到失落、伤心、后悔、愤怒、痛苦等等交织着的情绪，"分手就分手，哼""难道不能让一让我吗？""唉，看来我们真的不合适。""曾经说永远爱我，为什么一个观点不同，我们就这样分了？""这世上有真爱吗？""我再也不相信爱情了。""如果打电话来，我接不接？""如果打个电话来道歉，说'分手是我的错，离开你我是多么痛苦，你是我生命的唯一。我永远也不要离开你了。'我是会原谅的。""不可能了，这一次我反正是不会再低头的了……"

你的胃里被这些反反复复的念头喂得饱饱的，你不再需要食物和水，你的茶几比地板还脏，你脸都没洗。你眼睛很困却不需要睡眠，你下床的力气也没有了，你病了……

是什么让你全身无力、病倒的？

先看转机：突然，你的电话响了，你一看：是他/她！你"嗖"地一下从床上一跃而起，按下了接听键，"喂……"你抑制住激动、兴奋、想飞起来的心情，以至于不被他知道此刻你的每个细胞都充满了能量……你刚刚还全身无力呢，电话那头说："出来吧，我们去吃西餐。"你的力气还在不断倍增，你唱着歌飞快地洗漱、打扮、出门，一气呵成，你们见面了，你差点吃完了一整头猪……

接到电话后的这些与前面截然不同的力气，是从哪里冒出来的？原来，它们本来就在你内在，一直在，它们就是能量！就是爱！前面由于分手，你将心门关闭了，就阻断了能量的流动，最明显的是你感觉胃里很胀，中医里说的胀气，就是指能量阻塞引起，当你们和好时，你把心门又打开了，能量就重新流动。

当你有情绪时，只需要做两个动作：观察它→说出它（释放它）。便是在让情绪、爱流动了。一旦顺畅流动，你的身心都不会因为情绪阻断而受到伤害。你会以积极行动去应对生活情境。

你不等于生活情境！

那么，在上述例子中，假设你的关系并没有发生转机，情绪会如何流动呢？请看：

……你在床上无力地病着，从《你是谁》那一节中，你已经知道了，有两个你，一个无法被定义的"本我"，即意识；另一个你是永不满足、创造者、体验者的"自我"。

此刻请想象你的"本我"在看着你的"自我"，正躺在床上无力得不吃不喝、不睡觉，关闭心门，阻断情绪的流动，"本我"会说什么呢？

"本我"是不是会说：亲爱的（自我），别傻了，打开你

的心门，直接说出你的心里话，你是多么后悔、失落、愤怒、痛苦、想和好，如果对方没和好的意思，再痛苦也不迟呀……

你的"自我"可能又说了：不，如果对方没和好的意思，我多没面子呀。

你的"本我"说：好吧，你喜欢为了面子而决定关闭心门，阻断能量流动，体验痛苦。

直到有一天，你的自我尝饱了痛苦后会说"我早该听'本我'的话，打开心门，让过去的过去。"

很多人要饱尝了痛苦纠结后，才被迫让情绪流动。当然痛苦是不是必要的？是，直到你觉得再也不必要了为止。

[实例一] 打开心门，让能量流动

左右心理 / 邹中香

"我感到很无力，心情与工作都很受影响，有时看到孩子哭也心烦。就是我父母只要一发生战争就打电话给我，妈妈说爸爸怎么怎么了，爸爸又打电话给我，说妈妈怎么怎么了，我就回家调解，好几天里心情都很差，都这么大年龄了，打也打了这么多年也该好了，我都快烦死了。"

"嗯，你已经知道你和所有人一样，有个无限的无法被定义的本我，有一个负责创造、体验的自我，现在请你的本我看着你的自我，只是看，然后请你想象，你的本我如果对你说话的话，会说什么？"我引导着。

"可能会说，让他们吵吧，不要劝，不要建议，不要调解，只是倾听。"她说道。

"哦，你觉得只是听，你做得到吗？"

"做得到，不过我每次都提建议，两边讲道理，累死了。咦，我有点奇怪，我的'本我'为什么会这么说呢？"

"其实你的'本我'早就提醒你别讲道理别提建议，但是你的'自我'不听，认为自己很能干。"

"嗯，我明白了，其实再能干也解决不了别人的问题，原来我要的是能干，以后他们打电话投诉时，我就只是听，不讲道理，不提建议，让他们自己沟通。"

"是啊，你的'本我'一直是你最伟大的导师。"

[实例二] 打开心门让能量流动

左右心理 / 梁春梅

"这个星期心情一直不好，心里很堵，睡不着。"他说。

"嗯，说说看。"

"感觉对不起女儿，很愧疚，很想哭，怕人笑。"

"嗯，你把情绪堵住了，像隔断水流一样，全部拦住了流不出去，当然堵。现在你愿意打开那道门，让能量顺畅流通吗？"

"愿意。"

"好，那你自己想对女儿说什么呢？"

"燕子，对不起，爸爸没守住，又进来了（看守所），对不起，对不起，对不起，对不起。"

"现在还堵吗？还堵就再流通一会儿。"

"现在好多了，没那么堵了，'燕子，从来没和你说过这些话，说出来，心里舒服多了，前几天你说要来探访我，我真的没勇气见到你，燕子，你不知道，那天你发短信告诉我说'如果你再进去，我就等你出来再结婚'，爸爸的心里真的不是滋味，我耽误了你，对不起，对不起，我真的很内疚，对不起'。"

"你现在感觉还堵吗？还需要让能量再流通一下吗？"

"不堵了，感觉整个人轻松了。谢谢你。"

"嗯，很好。那你以后有情绪了，如何办？"我问。

"我就不再压抑自己，让它流通。"

"很好。压抑情绪等于关闭心门，强行阻断能量流动，身体与心理都会生病的。刚刚你在让能量流动的时候是不是感觉到爱在流动？"我又问。

"是的，感觉到与女儿很贴心了。也奇怪这么说一下心情就好像很好了。"

"是的，能量就是爱呀。阻断能量就是在阻断爱。"

"嗯，谢谢梁老师。"

[实例三] 打开爱的大门，让爱流动

左右心理 / 邹中香

"知心姐姐，我妈妈总是说我不如弟弟听话，不如弟弟乖，总是跟弟弟争东西，其实是妈妈不公平，每次弟弟打我抢我东西，妈妈都不骂他，还反而骂我。"小玲委屈地说。

"嗯，你有哪些情绪呢？"我问她。

"我很气愤，很伤心，觉得妈妈不爱我，她只爱弟弟。"眼泪下来了。

"嗯，你有没有像和我这样与妈妈说出你的情绪呢？"

"没有，她不听的，我这样说她会打我的，说女孩子不可以顶嘴。"眼泪汹涌。

"嗯，所以你每次都将情绪堵在心里，出不去，是吗？"

"嗯。"她点头。

"那我陪你一起去和妈妈说出你的情绪好吗？"我建议。

"好。"

家访后，妈妈意识到自己的"女孩子不能顶嘴；弟弟小，凡事要让着弟弟"等思想是需要调整的，妈妈主动向小玲道歉，并保证以后公平地对待姐弟俩，及多听小玲的心声。

（二）幸福与不幸

幸福与不幸是一个整体。

——埃克哈特·托利

被你称为幸福或不幸的，是来自于你的"自我"头脑的评判"这个发生是好的，那个发生是不好的"。

然而你的"本我"就像太阳一样，照耀着万事万物，是没有这样的区分的。它照耀罪犯与审判长一样多。

当你脱离了当下，便是脱离了本我，进入了头脑思维，而头脑最擅长的正是评判，它将一切都分为好的，坏的，对的，错的，这样的二元对立的评判，导致了你将幸与不幸从一个整体中割裂开来。

然而，头脑却又很奇怪。你看：

头脑将死亡看成是不幸的，活着就是幸福的。

但是，死亡如果是不幸的话，难道让所有人一直活下去就是幸了？新旧生命的更替怎么办？人类的物种繁衍规律全部推倒重来？由谁来行使这个权力？头脑并没有办法回答你这些问题。

假设头脑说的是真的，死亡是不幸的，活着才是幸福的，

却不见头脑带着你为活着而每天庆贺、为活着而在每个当下愉悦、为每个当下感恩？

你看，人在患重大疾病或绝症时，头脑也将疾病定义为不幸，但又不见它带领健康的芸芸众生，每个当下为健康感到幸福、喜悦、祝福、感恩？

头脑难道不奇怪吗？它一边将死亡与疾病定义为不幸，一边对活着与健康不屑一顾，或恣意浪费。

你不应该质疑你的头脑思维吗？

如果将生命全然投入在每个当下，生老病死、抱养、寄养、收养、孤儿等，有哪一个不是幸与不幸的完美整体？

[实例一]"被收养不等于不幸"

左右心理/邹中香

"如果当初父母不抛弃我，我现在怎么可能是这个样子？"

"你现在什么样子呢？"我问。

"我没钱用，家里也不给，他们天天说关心我，我感觉不到，总是说我这样不好，那样不好，我成绩是不好，身体也不太好，我没心思读书……"

"哦，你觉得被收养，是很不幸，是吗？"

"是啊。"

"你觉得如果跟生父生母生活在一起，现在一定很幸福，是吗？"

"是啊。"

"谁说的呢？也许与生父生母一起生活，你已经不在人世了呢？或比现在更不幸呢？也许坐牢？也许犯罪？也许残疾？

会不会有这些可能性？谁说就一定比现在更幸福？"

"嗯，有，我从没这样想过。"

"嗯，现在想一下是不是这样？人总是以为'如果……就一定更好'，这样便将幸福与不幸本是一个整体拆开来，就像白天与黑夜是一个整体一样，你不能说白天比黑夜好，也不能说黑夜比白天不好。所以你的认为，不但在将生父生母判为罪人，也将养父养母的恩情全盘否决了，这才是不幸呢。本来你比别人多了两个人关心……"

[实例二]临终关怀——"人反正是要死的"

左右心理/邹中香

"你知道自己的病情吗？"我向躺在病床上一天比一天消瘦的她问道。

"知道，医生说我的病在好转，但我知道这不是真的。"她笑着说。

"哦，你怎么知道的？你觉得自己会好起来吗？"

"因为所有的亲戚和同学们都来看我呀。应该不会好的。我得的是和妈妈一样的病，好不了了。"

"哦，妈妈也是得这个病去世的。你害怕吗？"

"不呀，死了就不用做作业了，不用和同学吵架了，不用被老师批评了，不用被爸爸逼着做我不喜欢的事了……"她开心地笑。

"你觉得和妈妈得一样的病，一样的死去，感到难过和倒霉吗？"

"不会呀，反正人总是会死的……"

[实例三] 幸与不幸相互依存

左右心理 / 梁春梅

"……我母亲去世几个月后，我才知道的。"他眼角有泪。

"嗯，你最无法接受的是什么呢？"我问。

"遗憾，觉得对不起她。走时我都不在身边。我爸爸也没有人照顾了，爸爸一个人在家没人陪，我很担心他。他中风偏瘫，生活不能自理了。妹妹有自己的家庭，也要工作，每天只是给他送一下饭，大小便有一个盆子，可以自己解决，平时就一个人在家，看看电视，一个说话的人都没有，我现在又在这里面（强制所）。"

"嗯，你为自己没有在母亲临终前做些什么感到自责，对不能为父亲做些什么感到自责，为你们三个人都感到不幸，是吗？"我总结着问道。

"就是。"

"嗯，你觉得你在这里面，什么也不能为他们做，是最大的不幸，是吗？"

"就是。"

"嗯，那么我们来试试，看是不是真的像你以为的那样全是不幸，像你以为的那样什么也做不了。好吗？"

"好。"

"请你先对母亲说出你的遗憾，然后在心里问问母亲，她最希望你做些什么。"

"妈妈，对不起，对不起，你走时我竟然不在身边，几个月后才知道你走了。我真是不孝之子，管不住自己，又进来了。

妈妈，对不起，我真的好无用，什么也做不了。"

"感觉如何？"

"轻松多了，那种堵的感觉没有了。这就是我一直想说的话。"

"嗯，你觉得妈妈如果能对你说话的话，会让你干些什么呢？"

"她会说，什么也不用你干，好好地改造，好好保护自己的身体，早点出去，以后不要再这样就好，和爸爸好好生活就好了。"

"哦，母亲只是让你好好改造，保重身体，就是为她与爸爸可以做的事了，是这样吗？"

"是的。"他明显放松下来。

"那你觉得爸爸和妹妹希望你为他们做什么呢？"

"爸爸说过不希望我为他做什么，也说好好改造，保重身体，争取早点出去，就是为他做的最好的了。妹妹也这样说，她说她会尽量照顾爸爸的，让我在里面照顾好自己。"

"哦，原来那三个最爱你的人，都希望你干同样的事，就是好好改造，保重身体，争取早日出去，好好生活。这样就是为他们和你自己做的最好的事情了，是吗？"

"是的，谢谢梁老师。你解开了我心里的一个结。"

"哦，什么结呢？"

"以前我以为这些全是不幸的事，以为我什么也做不了。现在看来，这些事并不是全是不幸，我也可以做些事的。"

"嗯，很好的领悟。那你认为这些事幸在哪，你打算如何做？"

"幸在我通过你的开导，清楚了自己的目标，我打算好好改造，保护身体，多加分，争取早日出去，照顾爸爸。也为妹妹减轻负担。"

"哇，很好。你还可以每天祝福爸爸呢，祝福会让你的身心更健康更愉悦呢。"

"好的，谢谢梁老师。"

（三）真正的自由

拥抱当下。

真正的自由是什么？

是如实拥抱当下、不给当下情境贴标签、无欲无求的平和的状态。这是一种有意识的自由，你可以常常通过进入当下来体验到这种自由。

例如，当你考某个职称时，非常努力但结果并没通过，如果你不把这个结果贴上"糟糕"的标签，而是接纳这个结果，下次再考或放弃再考，你都能体验到长时间的自由。

比如你欠下巨额债务，如果你不把这个境遇贴上"糟糕"的标签，而是接纳这个债务，不抱怨，不抗拒，积极创造，有可能创造出比债务更多的财富，便轻松还掉了债务，便能体验到这种有意识的持久的自由。

一些在监狱服刑的犯人，也能体验到自由。但他们这种自由是无意识的，短暂的。他们自己并没意识到。

当你以为你就是"自我"时，你会将你的生命等同于你的

名字、身份、头脑思维、情绪、行为、名声、财产、关系、健康……你将受限于它们，你只能体验到很少的自由，例如那些念头与念头之间短暂的空隙。这种自由是无意识的。

当你抗拒当下所发生的，例如你是个学生，你的成绩一向较好，突然这次考砸了，你觉得这太糟糕了，你便陷入了头脑故事里"怎么办？家长怎么看？我的面子？……"你便没有了自由。

如实接纳当下，"当下"是指所有的人事物，包括自己。

[实例一]江山易改，本性也易移

萤火虫社工／李翠华

小陈投诉："今天在创业集市，我在负责卖糖水，突然小燕从我旁边出现，对我大吼大叫，我受不了，就直接跟她吼起来。我不喜欢别人对我吼。不想跟这种人做朋友了。"

"我从小到大就是这样子的，我也知道自己性格不好，很容易跟人家争吵，但是我的脾气也是来得快，去得也快的呀。我这种人怎么啦？不做朋友就不做朋友，哼。"小燕委屈地。

"嗯，小燕，你自己也有反省，觉得自己脾气急容易跟人吵架。有没有人也和小陈一样，觉得受不了呢？"我问小燕。

"当时，我看到他在弄糖水，我担心他东西没有摆弄好，会烫伤别人，所以就很自然地对他大吼了。"

"哦，原来是这样。当时你没有温柔地表达你的好意提醒，而是用了大声吼叫来提醒他，是这样吗？"我问。

"是的，我的性格就是这样，温柔不来。"

"温柔不来是你给自己贴的标签，我相信你以后能温柔得来。"

"嗯，我知道了，我知道自己脾气躁，很容易伤到人。今天我也知道了他不能接受别人对他吼。以后我会注意的，谢谢你们帮助我认识到这个行为。小陈，对不起。"小燕说。

"嗯，可以了，我在志愿者协会快一个学期，跟你说话不超10句，真的不了解，今天知道你性格原来就是这样的。不怪你了。"小陈大方地说。

"嗯，谢谢你不怪我，这帮助了我认识并接受自己，谢谢翠华姐姐，我真的会改正的。今天是你们让我明白，我也可以温柔的。我一定能。"她开心地笑。

[实例二]"我没有什么烦恼了"
萤火虫财务/邹四香

与同事们一起学习《当下教育》，一起成长，直到《当下教育》接近完稿尾声，此刻我就是忍不住想哭，这是感动的泪水，尤其是书里面提到"拥抱当下即自由"让我感到彻底解脱，再也没有烦恼了。以前我总是纠结过去，担忧未来。

现在开始，我要做我喜欢的事，比如一有时间我就学心理咨询，这是我会全然投入的事业。

[实例三]活在当下便自由
左右心理/邹中香

"现在没什么了，我待在强戒所里都快四十年了，这二年认命了。"六十多岁的他笑着说。

"哦。看起来你比较自由。能说说认命的意思吗？"我问。

　　"认命就是谁也不怪了。以前我怪害我的朋友，怪亲人，怪社会太黑暗了，要针对我。"

　　"哦，朋友、亲人、社会都对你做了些什么呢？"

　　"我本来也是个好人，那时年轻不懂事，被一些犯罪的人骗了，被抓进来了。抓进来后亲人开始还管我，放出去被人歧视，也没有好工作，又和那些人混在一起，抓进来后亲人就不再管我了。政府说是帮忙安排工作，说实话根本不想工作了，在所里待惯了，那些工作环境都适应不了了。"

　　"哦，是什么让你现在不怪他们、不怪社会，能接纳这个现状了呢？"我问。

　　"呵呵，这么多年了，都快入土了，想通了呀，千怪万怪还不是怪自己？自己能管住自己，谁能拿你怎么样呢是吧。我在所里待了快四十年了，现在没有家人亲人了，他们都已经死了。只有老婆孩子跟其他男人一起生活了，我也不牵挂，反正给不了他们什么。"他轻松地说。

　　"嗯，那你有些什么打算呢？"

　　"没有打算，我在这里面习惯了，反正不会去害人，每天身上不痛就很开心了。我的腰有时痛起来就不开心，其他时候我很好的。所里对我们比前些年要好。"

　　"嗯，你确实不容易，也很坚强，这二年不再有受害者心态，我猜可能是让你过得开心的关键吧？"

　　"就是，想到是自己的错，就不怪了。现在谁也不怪了，怪也没用。也不再怪自己了。"

　　"是的，谁也不怪了就自由了。活在当下是智慧。祝福你。"

第五章 关 系

（一）别依赖、期待任何关系

当下，即关系的全部。

别依赖、期待任何关系，并不是指你要丢掉所有的人际关系。

而是当你对师生、亲子、两性、婆媳、朋友等等任何一段关系，产生了依赖、期待，你将被那个依赖、期待所控制。

依赖、期待，是一种算计，表示你希望从关系中继续享受过去那些你喜欢的，期待丢掉那些你不想要的；

表示你担心未来失去一些你喜欢的，担心未来得到一些你不想要的。

你便离开了当下，便被过去与未来奴役。即被你头脑里的算计所奴役。

奴役会让你无意识地去用钱、承诺等东西"购买"关系。

先以师生关系为例，稍后用两性关系为例，来看看"购买"关系是如何运作的：

[实例一] 师生关系

假设你是一个班主任，主要教数学，你希望你班级在同年级中无论是成绩还是纪律都排第一，尤其是你教的数学，成绩必须排年级第一。这是你的期待，这样你会得到些好处。

于是，你会想很多办法：讲很多道理，激励全班同学一起努力，争取拿第一；多占用一些早读与晚修时间，来攻你教的数学；你会给数学成绩差的同学"加餐"；你会与"差生"家长有更多的互动；你甚至会牺牲自己的午休时间，来监督学生午休免被扣分；你会买额外的参考资料来给学生补课，搞题海战术……你依赖他们来达成你的期待，你的额外付出，多数是在"购买"关系。如果你的行为不是发自热爱与享受的话。

你被"拿第一"控制了。最后你真的拿了第一，得了二百块钱"优秀班级"奖金。你会不会气愤："天哪，我买资料都不止二百块钱啦……"

[实例二] 两性关系

"我为他付出了一切，财产、青春、爱情、身体，无条件支持了他，他可好，现在成功了，就想分手，我不可能让他得逞的。要么同归于尽，要么别想分手。"

"嗯，当初你对他有什么期待呢，以至于投资那么多？"我问。

"我是因为爱他呀，觉得他聪明能干，只是没有钱，所以我从父母那里弄钱来支持他，我觉得他日后一定能成功。"

"嗯，你当初依赖与期待从他成功里获得些什么呢？"

"应该是经济上的保障，还有，他因为感激我会加倍对我好吧。"

"哦，那我能否这样理解：'我看好你有赚钱的潜力，所以我会投资在这上面，即使是向我父母借；到时你得感激我的眼光与投资啊，对我加倍好啊，你不能离开我啊。你得一辈子做牛做马来报答我啊'。"

"是的，就是这样想的。"她说。

"那他现在是如何回报你的呢？"

"他说他赚的钱分我一半，再分多一点也行，条件就是分手。他说不爱我，只是感恩我，什么玩意嘛！我支持了他这么多年，为他流产了不知道多少个了，青春也没了，想分就分啊，哪能这么容易？"

"嗯，你希望怎样呢？"

"不分手。要分就一起死。"

……

当对关系产生依赖与期待，你便希望接下来的当下，都按你希望的这样如期发生。然而，现实境遇通常不会按你想的那样发生。

即使按你希望的如期发生，你感到安全，但它是很乏味的，你不会感到愉悦。可以想象一下：一年365天的每一天你都知道你将会怎样过，每天遇到哪些人与事，会去哪里旅行，会在哪里摔跤……你还会想活下去吗？

"不依赖、期待任何关系的话，我应该怎么过呢？"

放下这个问题！放不下就留着。这不过是头脑里关于未来的无数念头之一。为什么要紧抓住它不放？

[实例三]"不期待别人的评价了"

——李桂明

好友美美发信息给我："唉，觉得自己做错了一件事，感觉有点糟糕。也不算很大事情了，就是今天我去交税的时候，顺便就帮另一个企业也交了，是我自己掏的钱，虽然对别人来说不是很多钱，但是对于我们这种实习生来说嘛，你也知道啦，没什么钱的，而且那个钱是我妹妹的，今晚就要还给她的。"

"那你有没有跟那个企业说，帮他们交税了呢？"我问她。

"有啊，我就是怕他们不还给我，而且好后悔啊，心里一直在想这个事情，当时不知道为什么自己走了又倒回去帮那个企业交了，想想自己当时真的好无语的。以为他们会立刻转账还给我，没想到还没有，今天一直都在想这个事情。弄得今天工作状态都不行了，也搞得自己不开心。"

"嗯，既然事情都已经发生了，你现在想想，你不敢与他们直接说还钱给你，是出于什么考虑呢？"我又问。

"可能我怕别人说我既小气又穷吧，这么点钱还要催人家还。"

"嗯，你看，你在期待别人说你不小气不穷，是吗？"

"是呀，我确实是穷，但不是小气。"

"嗯，你打算如实表达自己，不期待别人的评价与认可了？"

"嗯，我可以这样说'我今天顺便帮你企业交税了，那个钱是我借的，我希望你们马上还给我，现在还在实习阶段，很穷啊。哈哈。'哇，桂明，你才实习了这么短时间，怎么这么厉害啦？回头再聊，我要去讨债了哈。"

不依赖、期待关系，表示你不预设关系中的情境，这会让你自由地活在当下，反而拥有轻松的关系。下面是一例：

[实例四] 没有期待，便没有伤害

萤火虫社工/阮焯坪

"我观察到你在活动室讨论时，多次被其他同学打断，叫你别扯到其他话题去了，回到当下讨论的内容。你的感受是怎样的？"

"他们直接叫我闭嘴。我还是觉得会难受的，但从你上次与我聊过以后，我受了你的影响，的确没有以前那种想上前打一架的冲动，只是心里还是有一点不舒服。我想是因为我知道他们不是特意针对我吧，但我还是会有点不舒服，像受伤的感觉。"小杰说。

"嗯，来，你观察一下，那个不舒服来自你怎样的期待？"

"可能我期待他们能不要打断我，即使是在我说不相关的话题时。"

"嗯，如果你放下这个期待，会发生什么呢？"

"那我可能不会失望，也不会觉得受伤。"

"哦？那么你是在说'期待导致受伤'？"

"是的，谢谢阮哥哥跟我提到这个点，我又有个大收获了。每次和你聊天都有收获的。"

（二）放下对与错

放下对错，将迅速提升意识。

放下对错，是关系的万能钥匙。

放下对错，爱就出来了。唯有爱能化解一切矛盾冲突。

当人际关系遭遇矛盾冲突时，人们好像不判定一下谁对谁错，就没事可干了似的。

没有一例人际冲突，不是因为对与错"裁决"不下而引起。"都是他的错，我……""都是他们的错，我们……""都是我的错，可是我……""都是我们的错，可是我们不想……"

对错的标准以谁的为准呢？

例如在亲子关系中：

[实例一]

这个家庭中，父亲非常在意整齐有序，他的标准是，生活用品必须放到指定的地方，鞋子不能放房间里，得待在鞋柜里；

母亲比较随意，书包放在鞋柜上，鞋子放在房间里，完全没问题。她没有标准；

孩子，有时将书包放在鞋柜上，被父亲打了；有时他忘了，将书包放在鞋柜上没被打，因为父亲不在家。他感到奇怪：为什么有时候会被打，有时却不会。

孩子的父母因为书包的事，上纲上线非离婚不可。父亲说："受不了她惯着孩子，不培养好的习惯，长大了怎么得了？"

母亲说："多大点事？书包放在鞋柜上，就没前途了？什么逻辑？受不了他了……"

究竟谁对谁错？以谁的标准？

解决之道：放下对错，让爱作主。

"……你们夫妻俩如果都坚持自己是对的，对方是错的，显然没有解决办法，你们自己各自对孩子说吧。先请父亲对孩子说：'亲爱的孩子，我认为鞋子必须放鞋柜里，放其他任何地方都是不对的，我无法接受，我得和你妈妈离婚。因为鞋子不放鞋柜里，让我感觉到很混乱，我不安心，甚至想到将来有危险，为了我的安心，我坚决不让步，所以只好离开你们俩。因为我爱自己多一些。我更爱我的整齐有序。'请母亲对孩子说：'亲爱的孩子，我允许鞋子放在任何地方，那对我完全没有影响，我不需要总是整齐有序，那让我觉得这个家像个强制所，我允许家里像游乐场，让我感觉很轻松。我也爱我自己，不想让步，我更爱我的自由，所以我要和你爸爸离婚。'"我建议夫妻俩如此说。

孩子在旁边流眼泪。我问孩子："要不你先说？"（这是我做家庭咨询的一贯作风）

孩子哭着说："做你们的孩子真倒霉。"

夫妻俩同时去拥抱孩子。（放下了对错，以爱化解）

[实例二] "有效比对错更重要"
——李桂明

"姐姐，那边有一个小朋友在哭呢，她怎么啦？"小晓拉

着我的衣服对我说，原来是莹莹正在角落里偷偷抹眼泪。

"我刚刚在讲话的时候，小浩一直在捣乱，不让我说，而且一直笑我讲得不好。"莹莹委屈地说。

小浩说："是，她刚刚在说话的时候，我觉得她说得都不好，所以我一直在打断她说，我觉得好好笑，就一直笑她了，后来她就哭了，我觉得自己没有错啊，她是说得不好，是她太爱哭了。"

莹莹点点头说："对，谁愿意被别人笑啊？"

"对啊，没有人愿意被耻笑的，小浩，如果你在说话的时候，别人也一直在打断你说话，并且一直笑你说得不好，你会是什么感受呢？"

小浩低着头说："我也不知道。"

"哦，原来你没经历过这种感受，所以不知道，那么不是你的错了。莹莹，请你现在告诉小浩，你的感受和希望，帮助他明白应该怎么做。"

莹莹开心地说："我希望在讲话的时候，不要随随便便就说我说得怎样怎样，更加不要笑我，就算我说得不好，说错了，你也应该尊重我，你可以私下跟我说，我会改正，你在大家面前笑我的话，会让我以后也不敢说自己的话，会让我觉得我错了。"

小浩羞愧地说："我错了，我不应该那样的，对不起。"

莹莹大方地说："好，我接受你的道歉了，只是希望你以后不要那样做了。"

小浩连连答应说："好，我以后不会了。"

"嗯，非常好，下次你们又遇到这样的事情时，就会知道如何面对了。换个角度，就会去理解到别人感受了，庆祝一下吧，莹莹帮助小浩学会了站在别人的角度看问题，小浩也帮助莹莹学习了原来可以通过沟通，来了解彼此。"我总结道。

他们紧紧握住对方的手。

（三）完美爱情

当下即完美。

所有人都期待拥有完美的爱情。然而，完美的爱情究竟长什么样子呢？

是分秒不离的山盟海誓？永不吵架的卿卿我我？一帆风顺的白头到老？

可能你会说：就是。

请你先去认真地看一场泰国电影《永恒》，我猜你可能就会相信你错了，完美的爱情根本不是你想的那样。

我常常将这部电影推荐给我的来访者，粉碎掉她们的完美爱情梦。

此刻请你想象一下：假设你含着金钥匙出生，童年少年顺利成长，名牌学校毕业，待遇满意的工作，遇见了心仪的另一半坠入爱河，你们心心相印，生下了一对金童玉女，家庭生活完美无瑕，然后你们的孩子又一帆风顺，你们夫妻俩一直恩恩爱爱到一百岁，一同含笑死去。

这个剧情是你满意的吗？如果这是一场电影，你会有兴趣看下去吗？可能你会无聊得骂"这导演有病。"毫无悬念哦。

导演不会这么干的。

你的"爱情人生导演"也不会这么干的。

"那么老师，完美爱情是什么样子的呢？"

就是你的爱情此刻的样子，有争吵，有冷战，有不满，有憎恨，有和好，有让步，占有，批评，操控等情绪甚至肢体暴力，然后你受够了，你意识到这样下去不行，这个"意识"会带来曙光，让你放下过去与未来，活在当下，即每个片刻每个片刻地活，你都不会再去想完美的爱情这回事了，这会带来真正的臣服。臣服于不完美。因为完美的故事只存在于头脑里——而当下没有故事！当下是无念！当下是真我！当下就是完美！

[实例一] 婚恋情感困惑
左右心理／邹中香

"老师，我的爱情泡汤了，我爱了他三年，他竟然变心了，爱上了我的好朋友。他们已经在一起了。我想死。"她哭着。

"请你想象一个画面：你是大海，有时刮起狂风掀起巨浪，那些巨浪像是脱离了海面，'你看，我是一朵浪花'，但随即跌落回海里，幻象破灭；有时风儿不那么猛烈，浪花离开海面的距离更近，浪花们想'我是一朵浪花，我与另一朵美丽的浪花相遇了'，这幻象只持续了非常短暂的片刻，然后双双落回海里，有时是分开落回到海里，再度成为一个整体。它们就这样单独－整体－单独－整体地上演着。它们从未改变过什么。"

"老师，你是说我和他还有我的好朋友，都只是那些浪花中的一朵吗？"

"不，你们都是那个大海，完美的大海。现在你是那朵知道自己是大海的浪花。"

"啧啧，真是不可思议。我好像觉得有什么东西变得不同了，却又说不出来什么……"

[实例二] 我为什么对所爱的人那么怨恨？

左右心理 / 邹中香

"我们不住在一起有几年了，我觉得自己很爱她，但是为什么我对她有那么多怨恨？"他问。

"因为你对她有很多期待，但都落空了。这与爱无关。"我答。

"就是，你说得很对。我应该怎么办呢？"

"放下你的期待，敞开你的内心，表现出你的脆弱去沟通。对她为你所做的逐一表达感激。"

"谢谢老师。这就是完美的爱情了吧。"他笑。

"是的。你的怨恨也是完美爱情的一部分。"

[实例三] 在一起并不等于相爱

左右心理 / 邹中香

"我们相爱三年了，我什么都依着她，当初她非常欣赏我、爱我，主动靠近我的，我被她感动了，我们住在一起了，我按照她当地的习俗给了她家里彩礼，结婚日子也选好了，可是她突然变卦了，说不结婚了。为什么她要这样伤害我？我真想和她同归于尽。"

"哦，你被她感动了住在了一起，是不是说你并不爱她，

只是被感动了？"我质疑。

"可能是吧，她对我真的很好，长得也漂亮，又听话，感觉做老婆应该挺好的。"

"哦，所以你猜她适合当老婆，尽管不爱她，只是被感动了，但你授权给了你的头脑，让她成为你并不爱的爱人，是这样吗？"

"是的。"

"然后她在这三年里埋怨你最多的是什么呢？"

"说我不懂浪漫，像个机器人，说我总是忽视她，说我把任何人都看得比她重要。最后要分手时的理由竟然是我人很好但性格不合，这是什么逻辑嘛，肯定是她有了别的男人了。"

"哦，你觉得她说的这些对吗？"

"我是不懂浪漫，说不出来甜言蜜语；忽视她我也不觉得呀，应酬总不能不要；性格不合这算什么理由呀？"

"哦，原来她说的大部分都是事实。但你仍然决定不理会她的感受（陪伴、沟通等需求）。你最确定的是她有了别的男人是吗？"

"嗯，我不确定。她就是故意要伤害我的。"

"哦？我暂时还没发现她哪个地方是在伤害你。你看，她当初非常爱你，追求你，你说她看重你的责任感、有孝心，打算嫁给你，她一直希望你能浪漫些，说些甜言蜜语，少点应酬多点陪她，但三年来你因为不爱她，你都没做到，于是她彻底失望了，她决定不将婚姻当儿戏，不能与不爱自己的人走进婚姻，所以提出分手，我的总结对吗？"

"对，就是这样。"

"嗯，那么她哪个地方是在伤害你呢？"

"早就决定了要结婚，现在却提出分手，难道不是在故意伤害我吗？"

"你觉得被伤害，是因为你相信你的头脑'分手是她的错，她不应该改变决定，不应该故意伤害我'，如果放下这些想法，你会如何？"

"你是说分手就分手？"他困惑地问。

"你决定呀，你的心知道答案的。"当然你可以听脑的，可以听你心的，你有很多选择，比如：

同归于尽；

自杀；

威胁、强迫她必须不分手；

分就分，强扭的瓜不甜；

分手不是我的错，分手也不是她的错；

受不受伤我说了算，我不授权谁也伤害不了我；

尊重她，祝福她，欣赏她不违背自己的心；

授权给自己真爱的人，成为爱人，而非其他任何理由；

做真实的自己；

不爱她就还她自由；

让过去过去，活在每个当下里；

如实接受每个当下的发生，随心而动，没有什么过去与未来是你可以抓得到的。

（四）真爱

真爱超越头脑思维。

它不是一个定义，不是一个结果，也不是一个行动，而是活出你想成为的那个自己的每一个当下的状态。

"我能遇到真爱吗？那个人真爱我吗？我真爱那人？"就好像真爱是别人手里或自己手里的某个东西，"来，给你，拿过去吧；来，拿去吧，这是我的真爱。"这实在是天大的误会。

真爱不是东西，也不是别人，不是某份情感。它是：超越头脑思维、你真正想成为的那个自己的每个当下的状态。这是什么意思？

什么是真正想成为的自己？问自己以下问题会有帮助：

"我对自己感到满意吗？"

"成为怎样的我，是我最希望的？"

"做什么最能表达我的最高品质？"

假设你内在有个声音是：成为一个专业助人者，就能感受到持续的和平、愉悦、满足、充满爱。

那么，你会有意识地放下或逐渐放下除此以外的其他工作，将注意力投入到专业助人工作与学习中，你会在工作或学习的每一个当下，都享受工作与学习的乐趣，你会在见到每位来访者时双眼发光，这些当下状态的你，便是真爱。这时的你，充满生机、充满喜悦、自由、狂喜、爱。

真爱，是关乎你的每个当下的生命状态！

意味着你不企图从任何人那里"得到"真爱，而是你自己活出它!

"我那么爱他/她,却这样对待我……这世上还有真爱吗?我恨他/她!"这是我的来访者说得最多的话。这其实并不是真爱,等于在说"我投入了这个,投入了那个,我希望得到我想要的回报……"

真爱,是不求回报的,是没有恨的。

[实例一]"我的婚姻里有真爱吗?"

左右心理/邹中香

"老师你说的真爱确实很令我向往,但是我好像没有那种真爱,我的伴侣好像也没有呀,那我的婚姻里没有真爱吗?"

"这是个好问题。你的婚姻里有没有真爱?肯定是有的,只是你没有意识到,现在你可以有意识地去觉察。例如,当你的头脑思维不工作时,那些当下,你与周围环境,与你的伴侣全然融合时,就是真爱。"

"那我就放心了。不然我以为我们没有真爱呢,哈哈!那么当我对他有要求有期待希望他改变时,就不是真爱了是吗?"

"离开了当下,就都是头脑思维的活动,是对过去与未来的算计,与真爱无关。"

"嗯,很好的学习,受益了,我会继续努力的。"

"真爱无须努力。不过头脑思维不工作时,就立马是了。"

"呃啧,哈哈,原来我就是真爱。"

[实例二]"别把恐惧、贪婪、占有当真爱"

左右心理 / 邹中香

"孩子刚出生不久,我一次也不想抱她,甚至不想看到她,我觉得她是我的累赘与耻辱,我常常害怕我的念头'我会抱着她跳楼吗?''我会掐死她吗?'我连续失眠,白天喝醉酒,总头痛,我试过自杀,太恐怖,我快受不了了。"她的眼泪像断线的珠子。她看起来像 15 岁,不像一个孩子的妈妈,陪伴她而来的先生坐在离她一米远的椅子里沉默不语。

"嗯,你完全得不到老公的支持是吗?"我问。

"我可以不说吗?"她用双手捂住整个脸,一会儿仰头,一会儿低头,任泪水从指缝里流出来。大约三分钟后说道。

"可以。这里应该有个很大的痛,哭出来吧。"我等待她。

"我们没有结婚。"大概断断续续哭了十分钟,她说,然后继续痛哭。"我知道他有家庭,有儿女,我单身,感觉他很有责任心,又帅,我就爱上了他,当初也没想过要怎么样,只是无欲无求地爱他,是真爱他,什么也不求,没想过破坏他的家庭,也没想过和他生孩子,因为知道不会有什么结果,但是后来怀上孩子了。"

"哦,你当初的想法只是无欲无求地爱他,现在是什么变化了令你如此痛苦呢?"

"孩子出生以后,他好像不再爱我了,我感到心理不平衡,还因为很多原因:他不像以前那样关心我;也一点不关心孩子;我需要他的时候他在家里陪他老婆孩子;我的孩子生病了他根本不管;他也不给孩子生活费。"

"嗯，这些都超出了你的预期是吗？"

"是的，我完全没办法接受。"

"嗯，那你打算怎么办呢？"

"他老婆拥有他的人还有钱，我什么也没得到，他必须作出决定，要么离婚和我结婚，不想离婚的话将家产分一半给我和孩子。"

"嗯，显然他不同意，你才这么痛苦的，是吗？"

"是的。我说了还有第三条路，就是将孩子给他，让他自己带回家让他老婆养，但他也不干。哪有那么好的事？他一边享受家庭，一边这样对我什么也不付出。为什么受伤的总是我？"

"嗯，所以，你甚至还有第四条路，就是想过带着孩子同归于尽一了百了，是吗？"

"是的，我想过很多次，和孩子一起死，让他后半生活在悔恨里。也免得我家人天天骂我没出息。"

"嗯，四条路看起来都行不通，你知道为什么吗？"

"不知道。"她再次哭起来。

"因为你没有活在当下。你一直活在你的关于过去与未来的头脑故事里。"

"老师，这是什么意思？"她停止了哭泣，抹干了眼泪。

"你看，你头脑里的关于过去的全部是美好的故事，实则是转瞬即逝的肥皂泡，并不是真爱。'热恋时他那么爱我，每天不回自己家，我随叫他随到来陪我花前月下，有时老婆打电话来也不接，为了和我在一起就撒谎说加班，说永远爱我……'。关于未来的都是担忧与心理不平衡的故事：'未来我与孩子没

有钱生活怎么办？没名没分怎么办？没人爱怎么办？那个女人凭什么完全拥有他？他凭什么这样伤害我？他钱也不给爱也不给（我像个乞丐）……'是这样吗？"我问。

"是的老师。那我怎么办呢？"

"如果放下你头脑里的过去与未来这些故事，你会怎么活呢？这些故事对你的当下是不是毫无营养？"

"还他自由？他爱怎么样就怎么样？我过我的？我有时也这样想过，其实以前也没想过和他生孩子。"

"你知道了吗？那些美好的故事片段是幻象，真正的婚姻生活并不像你想的那么美好，真爱也不是你以为的这样要生要死的，而是无所求的，即使他不关心你、不给你钱、不离婚、不来看孩子，你一样爱自己，不折磨自己，一样爱他，但不是必须需要他，这才是真爱，真爱不会恨。

"像你这样的只是浪漫与依赖罢了。所以，假设他真的离婚跟你在一起，有可能你很快就受不了他了。而且，你头脑里创造的那些恐怖的未来，根本不存在，未来是以当下的方式呈现的，一个一个当下叠加起来，就是所谓的未来。"

"老师，谢谢你今天的开导，我会重新做打算，好好梳理一下自己。你说的活在当下对我很有益……"

第六章　重新认识财富

（一）什么是财富

当下即财富。

当下的一切人、事、物都是财富。你无法在当下找到不是财富的东西。只不过在头脑看来不是。

人们"自我"的头脑仍被集体无意识地控制着：

"有钱能使鬼推磨，无钱寸步都难行；穷在闹市无人问，富在深山有远亲；有钱杀人不偿命，无钱淘气要坐牢；钱不是万能的，但没有钱是万万不能的……"钱这个生活道具，似乎变成了所有人的枷锁。

头脑是不会将你每个当下的人、事、物当成财富的，例如你正在办公室备课的一切：你备课的桌子、椅子、你用的电脑、你正在改的作业本、空气、光线、此刻你平静的心情、偶尔你瞥了一眼的桌上的盆栽、你每个当下均匀顺畅的呼吸、正送本子进来的学生、正支持你的地面和天花板、正在备课一切正常的你自己或正在一边改作业一边埋怨的你、没有战争与生命危险的你自己……

家长同样，你的头脑不会将当下正与你互动的一切视为财富，例如你正在厨房里做家务，旁边婴儿车里坐着你二胎的孩子，你是不会将如下视为财富的：你的厨房、婴儿车、车里的

宝宝、你正在用的自来水、你正在洗的锅碗瓢盆、空气、光线、你正在洗的食物、炒菜的煤气、正在胡思乱想担心抱怨的你自己、没有战争、没有生命危险的你自己、没有被欺凌的你自己……

学生也不例外，你的头脑是不会将当下支持你的一切视为财富的，例如你此刻正坐在教室里，你不会将教室、光线、空气、老师、同学、桌子、椅子、你正常运转的身体、你不被战争危害生命的安全……

头脑便是这样，只将钱当成财富。错失了一个一个当下，对真正的财富——当下，视而不见。

当下的心想事成，心情愉悦，大病痊愈，夫妻吵架，阳光雨露，日月星辰，鸡毛蒜皮，吃喝拉撒，家人去世，关系破碎，心情沮丧……如果你不贴"糟糕""很好"这些对立的标签，有哪一样不是财富呢？

当下即财富。

[实例]"悲痛遗憾也是财富"

左右心理/梁春梅

"妈妈去世令我很悲痛。因为没有见到她最后一面，一直感觉到遗憾。"

"嗯，悲痛和遗憾也可以是财富，现在来试试吧，请对你的妈妈说：'妈妈，我是你心爱的儿子，此刻，我被悲痛与遗憾折磨着。请你在天之灵告诉我，我应该怎么办？'"

"妈妈，我是你心爱的儿子，此刻，我被悲痛与遗憾折磨着。请你在天之灵告诉我，我应该怎么办？"他流着泪。

"妈妈在天之灵会说什么呢？"

"她会说'你继续悲痛与遗憾，我会心痛的，我会不安息的，你要每天活得开开心心的，我才能安息。'"他轻松了些。

"哦，那你听了想怎样回应她呢？"

"妈妈，我答应你，我会开开心心过好每一天。请你安息吧。"他挺直了背。

"现在感觉如何？"我问。

"很好。感觉不悲痛不遗憾了。"

"嗯，如果你还想感觉更好的话，也可以跟着我这样对妈妈说：'亲爱的妈妈，我带着无比感恩与爱的心祝福你，祝福你回到生命源头，我总有一天也会同你一样回到生命的源头的，在我还没回到那里之前，我会好好地生活，好好地过好每一分每一秒，我向你保证。我会将生命中的所有人、事、物都当成财富，将对你的思念与爱全部当成财富，到时等我也到你那里的时候，你就知道我活的是多么成功了。'"

他开心地对妈妈说完了这段话后，接着说："哈哈，梁老师，你真聪明，我知道了。活着时的一切都是财富。悲痛与遗憾也是财富，让我懂了这么好的道理……"

（二）赚不到钱，不是你的错！

钱只是为生活提供方便的工具。是什么让它控制了人们？

邀请你玩个游戏：请观察一下，在一天当中，你有多少次为钱担忧？你的思想、情绪、言行，有多少次不是以钱为目的？

有多少次是在享受生命的？

如果你真的尝试这个游戏，结果或许让你大吃一惊！

一位实验者反馈：

六点钟闹钟一响，我一睁开眼，头脑有个声音就开始催我："快起床去跑步，别跑了几天又半途而废，身体出毛病了哪有钱看？"

——不享受跑步，带着没钱的担心跑步。

我的心里似乎也有个声音："再睡一下，一天不跑不怕啦。""起床起床，万一不跑身体出毛病怎么办？病不起啊。"

——不享受继续睡，带着"病不起"，即没钱看病的担忧与起不起床的纠结，躺了几分钟。

起床后，我赶紧洗漱，头脑里念头纷纷冒出来："今天上面有检查，得赶紧抓纪律；昨天约好的家长座谈别忘了；银行那单业务中午抽点时间去办好……"真烦，检查都是走过场，如果不是为了这份工资，我懒得作假！我为什么要约那个座谈？他不想学习，至多是拉下班级平均分，扣一点绩效奖金。如果不贷款买房，就不用每月跑银行了，唉，烦死。

——应付检查、与家长面谈、办银行业务，全是抱怨着、为了钱的，不享受的。

挨到下午下班回到家，我精疲力尽，如果不是有节假日，工资还算过得去，我真不想干了。

——挨，而非享受这份工作。为了钱。

忙忙碌碌不知道在干吗，就午夜了。

这位实验者说，天哪，直到睡前才发现，我一天中竟然没

有享受过一个当下！全部是为了钱。

我问道：如果放下对钱的担忧，你会如何过每一天？你会享受当下吗？

实验者：放下？怎么能放下？赚不到钱活着还有什么意义？

我问：你的一生是为赚钱而来？赚多少钱是有意义的？才会享受生命？

实验者：没想过。就觉得赚不到钱就是我的错。

我：嗯，"赚不到钱就是我的错"是个大发现，我深有同感，我相信人们都会有同感。

……

可是，赚不到钱，我们错在哪？

[实例一]赚不到钱，不是我的错！

左右心理/邹中香

我没赚到过什么钱，这是真的，我的个人账户上最多时好像从没超过五万存款，很多时候是零存款。借钱发工资的光景有很多。

我常常困惑："赚不到钱是我没用？是我没慈悲心？是我不值得有钱？可能是，别人赚那么多钱。别人都比我聪明有用？都比我慈悲？都比我更配得到钱？……"

我困惑着，没钱着，然而我的字典里没有匮乏二字，我的丰盛感只是偶尔会受点外来的影响："穷开心，赚不到钱有什么用？有本事就赚钱来看看。"这些外来的声音提醒并偶尔刺激着我。

"那么自我感觉良好有什么用；你应该付出更多；你不应该那么自私；你不能那么自我；继续一意孤行搞什么修行你会走火入魔的……"

"自我感觉良好却赚不到钱，那么你还是没有觉醒、没有解脱嘛，没有显化财富，说明你的修行还不够嘛……"

瞧！这些外来的程序仍然试图强行安装到我的头脑里，试图让我坚信"赚不到钱就是你的错！"一不小心的话，我的头脑也信以为真"赚不到钱就是我的错！"我就被完全操控。

我不想被强行安装！不过，我的确有些自私，比如亲朋好友的应酬、逛街购物等等几乎与我隔绝了。我的全部注意力聚焦在心灵觉醒、带领团队提升意识、提升助人专业质量、写作上，享受其中。

我享受并期待人们都能像我这样自私：

享受每个当下；

享受没赚到钱也能愉悦、和平、满足；

享受着将"赚不到钱不是我的错"进行到底；

享受着卸载了头脑里"赚不到钱是你的错"这个软件；

享受并期待着：地球上的每个居民都不再为钱而战争、掠夺、抓取、焦虑、抑郁、贪婪、执着、恐惧、分别、妄想……

[实例二] "我什么都没有"

——苏妮红

"唉，做社工我后悔了，工作了几年，可是现在依然什么都没有，穷光蛋一个。一腔热情也减了好多，我真担心女朋友的爹妈不同意我们的婚事。"一个好友向我报怨。

"哦，面包总是会有的。除了没钱，你真的什么都没有吗？"我问。

"是真的什么都没有，没有积蓄，没有房子，没有车子，更没有什么本事。"他毫不犹豫地说。

"哦，和你一样的年轻朋友一大把呀，他们一样能够娶到老婆，也没钱呀，而且人家父母也同意了。你真觉得没有钱，就等于没有一切吗？"

"是啊，人家就算没有钱，可能有房子，有车呀。你看我除了我自己，有什么？"

"为什么要除了你自己呢？你才是最大的财富呀，你是奢侈品，而且是无价的，不是吗？你看，你有青春，有激情，有健康，有父母，有工作，有饭吃，有安全，有和平，有女朋友爱你，虽然你目前并没有钱，但你每天没饿着，没冻着，没露宿街头……"

"嗯，听你这么一说，我马上变富翁了……"

第七章　行动之道

（一）因果

境遇是果，意识是因。

将佛家的"在因上努力，在果上随缘"翻译过来，便是：在创造中努力，不执着于结果。

然而，人们普遍在果上下功夫，即试图改变已经发生的结果，或消除结果，或丢弃结果，但都是徒劳的。

你必须把注意力放在因上——提升意识，创造接下来的果。然后为前面那个果做些事。

圣人老子在《道德经》里说，"其安易持，其未兆易谋。其脆易泮，其微易散。为之于未有，治之于未乱。合抱之木，生于毫末；九层之台，起于累土；千里之行，始于足下。"

他说的正是指，在未发生前就做好规避；在显化之前先在意识中完成"创造"；九层台，在起土之前已定（设计图），这便是在因上下功夫。

不少学生与家长求助，每次到考试前后就焦虑紧张失眠，或生病，正是因为教育者执着于结果。

例如比较普遍的现象：

"爸爸妈妈和老师都找我谈话，让我放轻松，不要担心，考多少分都没关系。但我更加紧张了，他们虽然这样说，但我

感觉他们期待很高，可不像他们说的那么轻松。考完后他们比我还紧张，总在关注我的成绩，'哪里丢分了；怎么这么简单的也错了；下次你知道怎么做了吗……'"

"考试前学校里的空气都像凝固了；拼命做题；父母特意送来好吃的……为什么要搞得考试那么紧张兮兮的？"

[实例一] "我好想一死了之"

左右心理 / 邹中香

"我读初中，住校，别人都走读，就我不行。每周才回家一次，一次才一天，每次我回校后都想一死了之。"

"哦，你希望情况发生怎样的改变，就可以不用以死来处理事情了呢？"

"我希望像别的同学一样，也走读，就可以每天见到妈妈和家里人了。我很想他们。"

"哦，原来是你思念他们。那现在我们来看看，用什么方法，可以解决这个思念的问题，应该有很多方法的，而且我猜每一个方法，都比一死了之更有效。"

"我想不到。"

"那我说说我的看法，供你参考啊，比如你可以与他们约好，每天至少打一次电话，一次半小时，或更久，告诉他们你的思念；比如你可以每天写日记，把你的思念全部写在日记里，周末回家后给他们看；比如你可以写信给他们，让他们天天阅读你的思念。这样不但提高了你的写作能力，而且还让他们很感动呢，也许他们会想：原来我们这么相亲相爱……你觉得这些方法如何？"

"嗯，很好的。我试试吧。万一我还是想他们时会哭呢？"

"哭当然行，想他们时就痛快哭吧，一边哭一边说我好想你们呀。"

"好的，谢谢老师。"

"那么今天你学习到了什么吗？"

"就是以后有什么事，想达到什么结果，可以想多一些方法，不用死也可以解决……"

"很好。办法总是比困难多……会想办法，表示你的意识提升了，意识高了，困难在你看来就变小了。"

[实例二] 享受因，放下果

左右心理 / 梁春梅

在项目极少的日子里，抓取、焦虑、不安似乎成了我们这一行业的常态，于是对现有项目，我有时会做得用力过猛，因为太想得到购买方的认可，太想项目的延续，但结果往往不会如期到来。

饱受这样的一种纠结后，我又回到了自己的内在：急什么呢？享受这个工作的过程可好？一如既往保持高意识在这个过程中可好？

于是我的注意力不全是在结果上面，而是投入过程（因），享受与每一个来访者互动，享受与购买方每一次真诚的沟通，享受每一次工作上打击到我的地方，享受着检视，反思。至于结果如我期待的话，便锦上添花。

每当这时，结果时常出乎我意料的好。这让我更坚定了应在因上享受每一个创造的当下，在果上随缘。

（二）性

"不制造伤害"为原则的性（含手淫），是有益无害的；

性，无法制造持续的喜悦与和平，不可夸大其重要性；

性本身，是无所谓纯洁或肮脏的；光明或黑暗的；美好或丑恶的；正确或错误的；

性是回归，性是创造。

这个当下与你一起来探索常被你头脑误解并误用、较有冲击力的领域——性。

我从事性心理咨询有五年了，发现性对男人与女人造成的困扰，非常不同。在校男生的性困扰普遍是："我手淫过度，很担心会不会死去；担心将来会不会影响身体；担心会不会影响生育……"他们在我的网络平台留言咨询我，我通常这样回复他们：以不伤害为原则；或求助。

女生的性困扰相对较少，她们可能不敢也不想求助。

而我了解到，女生最大的担心与厌恶，就是遇上"露阴癖"和"咸猪手"的男人，一个人走路，对女生来说简直像一场噩梦，不幸遇上这两类男人的，从此将性蒙上了"肮脏、可耻、可怕、恶心"等阴影。

有些曾经被性侵过的女性，永久地为性贴上了"性是可憎的，丑陋的，不能原谅的，男人该死……"的标签。有的可能终身禁欲。

集体无意识的教导，及女性与生俱来的防御心理，使女性即便从未受到性侵，亦无意识地将性打上了"恐惧、羞耻、危险"

等烙印。

对性的有限的认知，让很多人尤其是女性，变得既困惑又担心、盲目。

[实例一] 性并不等于爱

左右心理 / 邹中香

"我是在读学生，爱上了校外一个离了婚的男人，我们在一起二年了，我非常爱他。他求了我很多次，'我再找一个女人，我们三个人一起过性生活，只一次，绝不会有第二次，我会永远爱你的。'我很想答应他，老师，我怎么办？"她留言给我。

"你很想答应他，那是你的哪一部分不想答应他而要来求助呢？"我回应。

"我担心他有了第一次就会有下次的，但我真的很爱他，不想他因希望落空而难过。他求我时，我感到他很可怜。"

"你其实是怕他因希望落空而离开你，你自己可怜吧？"我猜测道。

"可能是吧。我真的很爱他。"

"你这不是爱，是想继续依赖他的承诺让自己处在爱与被爱的虚幻感觉中；是害怕失去他的承诺，所以满足他的欲望再控制他的一种手段。"我继续验证我的假设。

"老师，那我怎么办？"

"如果你不答应他这个要求，他因此离开你，你能接受吗？你觉得什么是爱？"

"老师，让我想想……下次再找您。"

她将性等同于爱。

不少类似这样的案例，她们认为已经发生了性关系，就是爱，就是关系的全部了。男人可并非都这么认为。

[实例二] 性不等于幸福
左右心理 / 邹中香

"我已经和他有性关系了，刚刚开始很快乐，但是我并没有感到和他在一起有很幸福的感觉，并没有那种很爱很爱的感觉。结不结婚也很纠结。怎么办？"她问。

我答："如果你将幸福寄托在性的短暂快乐上，注定失望。性只是生理需求的一部分，就像饿了要吃饭，困了要睡觉一样平常。它带来的是短暂的快乐与满足，然后等待下一次的短暂的快乐与满足。它并不能带来持久的内在的和平、喜悦、幸福的感觉。

"持久的内在喜悦、和平、幸福、圆满的感觉，只能来自与真我（本我）的合一。真我是指放下了思考的无念的我。

"其他一切诸如外在的条件、性、心灵的共鸣等等，都是点缀而已。"

她问："老师，你能说说与真我合一那种喜悦、和平、幸福、圆满的感觉吗？"

我答："这种感觉，就是活在当下能带来的。例如此时此刻，你正在读这里的文字，全神贯注，高度集中精神，没有了对过去的悔恨或纠结，没有了对未来的担忧与计划，你完全不用头脑思考，你与正在读的文字完全合二为一，这时的你，就能体

验到喜悦、和平、幸福、圆满的感觉，但你通常并未意识到。德国著名灵性导师、作家埃克哈特·托利的全部作品，都非常精彩地描述了什么是当下，你可以买来读。"

被性侵，对女性心灵、婚姻的影响，几乎是永久性的。求助会是明智的选择。

[实例三] "被强暴不是你的错"，求助是上策
左右心理 / 邹中香

"……我非常抗拒我的先生，无法与他发生性关系，结婚几年了，我们只有屈指可数的几次。现在他要离婚，他说外面有人了，但他说其实不想离婚，他还是爱我的，我不相信，既然爱我，难道就因为没有性，就要离开吗？我怎么办？"她沉浸在深深的痛苦中，眼泪不断滑落。

我等待她的哭泣。"嗯，曾经发生过什么重大事件导致你抗拒与他有性行为吗？"

"是的老师，在我结婚前，还是女孩子的时候，我被一个畜生强暴了。"她沉默了许久后鼓起勇气说道。

"嗯，你还在恨那个男人，而且觉得自己是肮脏的、有罪的，是这样吗？"

"是的，就是那个畜生葬送了我的幸福，我没有办法在先生面前抬起头来。"她哭泣着。

"亲爱的，事实是，他只强暴了你一次，而你用这一次葬送了自己的幸福，不是他葬送的。被强暴并不是你的错，而你在先生面前抬不起头，才是你的错。"

"嗯。我应该怎么办？"她停止了哭泣。

"请你跟着我的引导，想象着对那个人说：'强暴我是你的错，不是我的错，今天，这个当下，我决定永远粉碎掉这个本不属于我的枷锁，走我的路。'

"接着，请你对自己说：'亲爱的，你没有做错什么，性本身也没有错，你值得拥有美好的性。就像一朵花儿，我不想因为一片花瓣受了点儿损伤，而丢掉整朵花'。"

"然后请对你的先生说：'亲爱的，我感到非常抱歉，因为紧抓过去而忽略了你的感受与需要，从此以后，我将打开自己，接受自己，慢慢地接受你，接受性，请给我一些时间。如果你做不到，我也尊重你的选择。我仍然爱着你。'"我引导着说，"你能说出来吗？"

"能。……我也尊重你的选择。我仍然爱着你。

"是的，老师，我感觉到一种解脱，这是我要的。谢谢你。"

麦乐在他的著作里这样写道：

性，本来是一场在物质中的舞蹈，同时它又是一场在物质之上的舞蹈。在一次均衡的性的表达中，彼此超越了物质现实。性如同一座桥，连接了物质与灵魂之间的距离。

在一场参与者将身体、情感、思想、灵魂都投入其中的性中，彼此将同时感觉到宁静、喜悦、极乐、爱、自由、和平，这是一种回家的终极的圆满感。

同时，这就是一次神圣的创造，其中彼此被完全地接纳，会诞生出更圆满的彼此，及孩子的诞生。

性的能量如此珍贵，所以请尊重性，当有问题出现时，有恐惧或紧张时，不要因此而评判或放弃它，因为它是你的自然的神圣的一部分。

[实例四] 青春期性困惑
左右心理/邹中香

"老师，我是一名高三学生，每天频繁的手淫让我无法学习，我感到自责、羞愧，害怕这样下去会毁了自己。"一男生留言求助我。

"嗯，频繁到此刻为止伤害了身体和心理吗？"

"那倒没有，就是有些担心这样下去不知道会发生什么可怕的后果。"

"那你现在想一想，你头脑里编造的'最可怕的后果'，可能会是什么？"

"不知道，想不到。"

"也就是说，现在你既没有频繁到伤害身体和心理，也不知道会有什么后果，就一边批判自己、觉得性冲动是可耻的，一边担心这样下去，会不会有什么灾难降临，是这样吗？"我问。

"是的是的，老师，我该怎么办？"

"在不伤害身体与心理的前提下，手淫是有利无害的。你不必为此感到羞耻、自责，也就能安心投入学习了。这表示你身体发育很正常啊。如果有困惑或压力，及时求助吧。"

"好的。谢谢老师。"

第七章 行动之道

（三）上瘾

欲望等于瘾，人们都处于上瘾中。真正的觉醒者除外。

上瘾有两种：

第一种，是当人离开了当下，总让过去过不去，便是上瘾；试图改变已经发生的；等待未来比现在更好；或丢掉当下某个被称为不好的；总想要更多钱、爱、权力、性，都是上瘾。

正常的需求，不算上瘾，例如肚子饿了要吃饭，但是为吃不到山珍野味而烦恼，便是上瘾。

第二种，是对毒品药品上瘾，以及沉溺网络、酗酒、赌博，对自己与别人带来严重危害的，被称为"瘾君子"。

这两种上瘾的区别仅仅在于，"瘾君子"造成的后果是明显可见的。

从上瘾中走出来的唯一办法：集体觉醒。

集体觉醒是什么意思？

例如每个人都不再为钱发愁，就像每个人都有饭吃一样平常时，那么对钱上瘾的症状便消失：瘾君子也没必要贩卖毒品害人害己了吧？黑心商贩心不再黑了吧？大概不会再生产地沟油、有毒奶粉了吧？

"集体意识还没有觉醒时，怎么办？"有学员问。

——提升自己的意识。虽然有时很难。

[实例一] 对过去的痛苦上瘾

——李桂明

"和女朋友分手了，这一段时间过得真的不好，我每天都在想自己究竟哪里做错了；想以前在一起的时光；回忆走过的那段开心的日子。感觉我已经对回忆以前的事情上瘾了，很执着，很难放手。"同学小祁说。

"嗯，那你有没有采取一些措施破除这种瘾？"我将他当成求助者来练手。

"我就每天都发信息给她，问她为什么要这样做？有时候她把我的电话号码都删除了，后来我就用新的号码发，我生气时会用一些不好的语气说话，甚至恐吓她，我知道这样是不对的，可我没办法放手，做不到跟过去说再见。"

"嗯，你明知道这种做法只会让别人更讨厌你，你还是没办法停止这样做。你日日夜夜沉浸在过去，你知道她现在是怎么过的吗？"

"我知道，她早就走出这种分手的痛苦了，她过得挺好的。"

"哦，她已经好好生活了，只有你还活在过去的回忆里，试图改变已经发生的分手事实。你不想让这段已经结束的恋情画上句号。"

"嗯，你这样一说，我发现自己太死脑筋，转不过弯来。所以这一段时间不仅让自己痛苦，还让周围的人也忍受我的做法，我有深深伤害她，我决定了要放弃自己的那块心瘾，同时我还要向她道歉……"小祁豁然开朗地说。

第七章 行动之道

[实例二] 药物成瘾

左右心理 / 梁春梅

"……是的, 又进来了。我最长有 5 个多月时间没有吸毒。"

"坚持 5 个月对你来说一定很不容易, 你是如何做到的呢? "我问他。

"出去开工了, 开工了就不和那些人一起玩了。反正每次在这里面都想出去不吸了, 出去后还是吸了。很难戒。"他笑。

"过一天算一天咯, 我也没有什么文化, 十几岁父亲就死了, 母亲从来没干过什么活, 以前家里都是靠我, 以前我养过鸭子, 不过亏了好多钱, 现在还欠着外面的钱呢, 不过也没什么, 也没人催债。要催的话, 我也没有。孩子跟我老婆走了, 现在一个人更加不想上进了。"

"嗯, 当什么发生改变了, 你就想上进了呢? "我问。

"不知道, 说不好, 已经没有什么希望了, 我没什么文化, 你这样听我说话, 我就感到很开心了, 我不知道说什么, 反正我心里明白, 你的话对我有些帮助……"

[实例三] 对纠结上瘾

左右心理 / 邹中香

"老师, 我生了二胎, 还是像以前一样, 总是纠结, 我不敢再看心理医生了, 因为一看完我更纠结了。"

"哦, 你不看也纠结, 看了更纠结, 那是你喜欢纠结, 上瘾了啊。"我笑。

"我不想这样, 怎么办? "

"你只想要纠结。因为你觉得那让你安全。纠结就是自愿被头脑思维控制。"

"我不想，我想控制它。总是这样我很烦。"

"除非你能放下那些自以为很安全的。"

"我确实放不下。放下了就什么也没有了。"

"所以我说嘛，你抓紧那些东西感到安全且无聊，却不想放下，只能纠结。纠结饱了就好了……"

那么个体能为集体意识觉醒做些什么呢？——提升个体意识，当越来越多个体意识觉醒时，集体意识便自然觉醒。

（四）同性恋

同性恋离觉醒只有一步之遥。

——埃克哈特·托利

我发现同性恋者有这些共同特点：防御心理超强；极度敏感；有非常棒的同理心，他们能非常准确地同理到男人与女人的心理；恐惧是他们的主导情绪。

因为害怕被贴上"另类"标签，他们常常很矛盾，一边要隐藏自己不被别人发现，一边想要活出自己，两股力量同样强大，折磨着他们。

他们比异性恋者更不想被集体无意识制约，但迫于生活压力，他们有时会让步，被迫尝试异性恋，有些则变为双性恋者。

如果同性恋者坚持做自己，更深入地找到"我究竟是谁？"这个答案，那么他们离觉醒只有一步之遥。他们比异性恋者更

容易觉醒。

然而，如果他们坚持做自己的决心不够，被外在影响而左右摇摆的话，离彻底迷失自己也仅一步之遥。

[实例一] "我不能接受同性恋"

左右心理/梁春梅

"我接受不了这样的儿子，学着女孩子用那么高档的化妆品，和那个男的天天黏在一起。"一位父亲无奈地对我说道。

"嗯，你是说儿子是同性恋者你无法接受，是吗？"我问道。

"是的，太丢人了，我家族从来没有这样的事情。"他很气愤。

"哦，是什么想法让你感觉同性恋很丢脸呢？他必须和你家族里的每个人一样吗？"我问道。

"不知道，他小时候很听话，现在在学校还是那个什么动漫协会的会长，还是副会长，各方面都还可以，就是和一些社会上的人来往，搞成这样子。"他继续说道。

"哦，你也不知道为什么会感觉丢脸，其他方面听起来你对他很满意、很自豪，是吗？"

"嗯。"他回应道。

"如果你能找儿子谈谈，放下丢脸的想法，去关心他的需求，说不定会发现，儿子比异性恋的人过得更快乐呢。因为他做真实的自己，如果也能活得充满爱、自由，又不伤害他人，不危害社会，你能接受他同性恋吗？"

"能。听你这么一说，好像也没什么了。谢谢你……"

[实例二]"同性恋是问题？"脱离了当下才是问题

左右心理 / 邹中香

"我是一名同性恋教师，我的困惑来自家庭的压力，家人催我结婚，我根本不想和异性结婚，但和同性结婚显然行不通。迫于压力，我正在和异性谈恋爱，但只是做戏给家人看的，我对异性没有兴趣，可是这样做戏好累，很分裂。为什么人必须要生孩子？必须结婚？我该怎么办？"

"如果你不做戏敷衍家人的话，最害怕出现什么糟糕结果，是你无法承受的？"我回应。

"可能断绝关系；可能事情闹大了被学校发现，丢了工作；可能被人歧视。"

"嗯，你说的三个结果中，哪个是你最无法承受的？"

"前两个吧，第三个我能承受。"

"前两个中哪个后果对你来说更严重？"

"一样严重，一个是家人，一个是工作呀，都不能失去。"

"所以你被未来可能'失去家人与工作'控制了，为了避免这种可能，你用欺骗来应对这种可能性，结果，你被可能性与欺骗扼杀了一个一个当下，对吗？"

"对。怎么办？"

"做真实的你，即不欺骗，活在当下。所以你的困惑与痛苦根本不是来自同性恋，而是来自你脱离了当下——被未来可能失去家人与工作所控制；脱离了真实的自己——做戏。同意吗？"

"同意。那我怎么办？"

"丢掉你的'怎么办'，一个当下一个当下地做真实的自己。"

（五）当下的行动

　　每个当下，在力所能及的范围内，做你最喜悦的，做到极致，对结果零期待。

——心想生

　　"当我……就快乐了；我怎样可以快乐幸福？我怎样能摆脱痛苦烦恼？……"这是自我的头脑将你带离当下的伎俩。

　　当你思考这些问题时，你已经离开了当下，进入了思维的控制区。你必须放下想要快乐幸福的追逐，而踏上这条道路："每个当下，在力所能及的范围内，做你最喜悦的，做到极致，对结果零期待。"

　　"每个当下"是指你所在的此时此地，不是一分钟前，一个小时前，半天前，一天前，或一分钟后，一小时后，半天后，或一天后，而是像是在一秒一秒地过，不管过去与未来；

　　"在力所能及的范围内"是指你当下能做到的，例如此刻想吃饭，想散步，能马上实现的，但你说我马上要去太空，这便不在力所能及的范围内；

　　"做你最喜悦的"是指众多想做的事情中，最想做的，最令你开心的，例如此刻你想听歌，也想看书，还想外出，如果其中第一令你开心的是听歌的话，就选择听歌；

　　"做到极致"是指放下一切其他的，只听歌，全然投入听歌中，与歌合二为一；

　　"对结果零期待"是指听歌就听歌，丢掉"听歌能听出钱

来吗？能听出人脉资源来服务我的工作吗？"等这样的功利性目的。

你可能问了："这样有什么意义？就快乐了？"

这只是一个日常生活小例子，你可以大到做事业抉择、婚姻抉择等。若你每个当下都这样做，意味着你总是在每个当下做了自己最喜悦的事，一个一个当下都在喜悦中的话，你的一生就都是喜悦的了。你的喜悦将会由小逐渐变大的。

你可以由日常小事开始尝试。例如今天是周末，你在睡懒觉，这个当下你有四件事想做：去户外晒太阳；继续躺着读喜欢的书；备课；和朋友逛街。你不知道做哪个，你的"自我"一直在那里喋喋不休：

"去晒太阳真是不错，上次晒太阳还晒出那么多的灵感来了呢，可是那本书也真好看，不想放下；

继续窝床上看书，那么好的太阳和难得的周末又得等一个星期呀；

那个备课也得写呀，那可是糊口的饭碗呀；

和朋友逛街也好想呀，好久没逛街了，再说又失约的话朋友翻脸怎么办。"

这时，请你放下"自我"头脑里的喋喋不休，让你的"本我"作主。

什么也别想，请你快速地毫不犹豫地将这四个选项排序，最想做的排第一，以此类推，假设你的排序是：

一、晒太阳，二、备课，三、和朋友逛街，四、在家读书。那么请你去晒太阳！虽然晒太阳只比其他选项多了哪怕0.1分

也别管它；虽然你的自我又会喋喋不休："备课没完成哦，你不担心了吗？你不怕朋友有意见吗？那本书那么好看哦！"也别管它。

请你在决定晒太阳的每个当下，将晒太阳这件事做到极致，对结果零期待。

"将晒太阳做到极致"，是指全然地融入大自然，去感受太阳光的温暖，风儿的吹拂，感受当下的路、植物、行人、动物，放下一切目的……

"对结果零期待"，是指你不要期待晒太阳能发生什么惊喜的事情。

但每次这样做时，你虽然不期待，但你会体验到以往体验不到的，例如无条件的喜悦；例如意外的灵感；晒完太阳后，说不定那个备课或方案写得超出预期很远呢……

这是我的经验。

[实例一]我不喜欢的行动怎么办？

左右心理 / 邹中香

"我读的专业是文秘，越读越头痛，我现在变心了，喜欢做社工或心理咨询师，但没基础，也怕赚不到钱，想毕业后不靠家人养着我，我想靠自己赚钱养活自己，所以现在我每天都不开心，为了专业与钱头痛。那么我要怎样进行当下的行动？"学生求助道。

"你为了当下的专业与未来的赚钱头痛，也就是说，你的未来已经成了当下的阻碍了，那么你当下就要作出决定，'当下的行动'即每个当下，在力所能及的范围内，做你最兴奋的，对结果零期待。'同样适用你。

"请问：每个当下，在力所能及的范围内，现在你力所能及的范围是不是支持你马上不读这个专业？做你最兴奋的，你最兴奋的是不是社工与心理咨询？做到极致，你会如何做？对结果零期待你能做到吗？"

"现在我不得不继续读这个专业，我没有办法停止它再去学别的，这是我力所能及的范围内；我最兴奋的是学社工专业；做到极致是，我可能会一边读这方面的书，一边去社工机构实践；对结果零期待，我可能做得到吧。"

"嗯，当你有'不得不做'的事情——继续读文秘专业时，那你得接纳它在当下对你如此重要，以至于你不得不做它。当你接纳时，你就会感恩地去做。感恩时你就能平静下来，平静是不会痛苦的。然后在其他时间，比如空闲时学习你喜欢的社工知识。同样可以用'每个当下，在力所能及范围内，做你最兴奋的，做到极致，对结果零期待'。

"例如，下课后的每个当下，你就可以按照'当下的行动'来做了。如此，你能感恩地继续读文秘，空闲时间学你喜欢的社工专业了，如何？"

"我明白了，老师，很受益。我也对心理学特别感兴趣，想跟你学，可以吗？"

"兴趣是你最好的老师。有什么力量能阻碍真正的兴趣呢？……'当下的行动'正是从兴趣而来，那是每个生命内在的渴望。"

"好的，谢谢老师。我学习到了，每个当下，在力所能及的范围内，做最兴奋的，做到极致，对结果零期待。如果有不得不做的事情时，接纳它，然后以感恩心去做，就平静了……"

[实例二]"我想犯错误"

左右心理/邹中香

"我很想犯错误，犯多一些，因为我的爸爸总是逼我做不喜欢的事，我喜欢的他偏偏不准，我想每天请假半天专门玩，玩够。但又怕老师说我天天请假，也怕同学胡乱猜测。我快被逼疯了。我还想打架……"

"我猜你想了很久了，但没有行动，对吧？我也和你一样常常在想，如果有来生，我一定再也不要让任何人安排我的生活，我不会那么努力读书了，我会将狗尾巴草织成皇冠的样子戴在头上，谁说我也不取下来；我也会犯很多错误；我会把爆米花吃厌……"

"老师，你读书的时候也像我这样想犯错吗？"

"没有，我读书时没有你这么高的意识，属于逆来顺受型，没像你这样想反抗，我以为那是正常的呢。"

"老师，那如果你是我，现在你会怎么办？"

"我啊，我就不想了，直接行动，比如今天，此刻，我想请假去玩，就请假半天，把这半天玩到极致，例如我喜欢跳舞，我就去跳，跳到每个细胞都觉得过瘾了才停。"

"那你想天天这样吗？"

"干吗想那么多？明天也许我根本不想跳了呢。明天想跳再说呀。别想明天，每个当下做自己最喜欢的事，做到极致，放下结果，放下'以后会怎么办'这个问题。这就是活在当下了。活在当下是没有烦恼的。烦恼只能生存在'未来怎么办'的头脑思维里。"

"好的，谢谢老师。我明白了。"

第七章　行动之道

第八章 觉 醒

（一）自助自救的十一个练习

当下即救赎。当你离开了当下，被过去发生的事件拖入惯性痛苦中，例如破产、负债、关系破裂、被性侵、残疾、致命性疾病等，以下练习会对你非常有帮助，如果你持续练习，觉醒是会在你身上发生的。

＊练习一：监控你的思维

在烦恼、痛苦的当下，请监控你的思维，记住！你不等于思维，你是思维的监控者！你看，你的手脚不想工作时，就可以随时停下来休息，但你的大胆思维不是！它时时刻刻在工作，它不休息，你有时停下休息一会儿，它马上又为你制造麻烦，"快努力，快拼命，不然……"它不是将你带到过去的麻烦中，就是将你带到对未来的担忧中，它唯独不让你待在当下！

监控你的思维，是看它把你带到了过去的哪个事件中。"去年他说我是个情绪化的人"那个事件早已过去了，而且别人的定义并不等于真正的你。这时，你可以自由地出入那个事件中，但你并不逗留，随时出来；

监控你的思维，是看它将你带到了怎样的未来幻想中。注意！未来是以当下的形式呈现的。当然你可以计划未来，但你

不执着于你的思维。例如："如果我考上某学校就好了，要是我的英语成绩能再进步一些，可能有希望。"只是观察，别去为这个念头担忧。如果你享受为这个念头做些什么，就享受着去做；

监控你的思维，是看它为你制造了怎样的评判。例如，当你的思维里有个声音："为什么这次我没有被评上优秀教师？那个老师哪里比我强？"请你只是观察这个念头，别试图得到答案，别批判他人与自己，别相信这个念头，什么也别干！就像是观察天空中的云朵，任它们来去自由；

监控你的思维，是观察你的欲望："我想要消除过去某件事的影响？想要未来什么变得更好？想要消灭当下的什么？我想要得到什么？"观察这些思维，它们只是思维，它们不是你，不要被它们操控。

想象你是太阳，思维是云朵。

当然，除了监控思维，你还会去做别的事情，不是什么也不干了只躺在床上监控。是当你习惯性地沉浸在痛苦烦恼中的那些当下才监控。

*练习二：不为任何境遇贴标签

不为任何境遇贴标签，是指不将你喜欢的情境比如你中奖了，贴上"好的"的标签；不将你不喜欢的情境比如堵车，贴上"糟糕"的标签。

贴标签等于在制造混乱与冲突！等于你在用外在情境扰乱你内在的宁静。

这个练习刚开始有点难，需要非常警觉，但是当你熟悉了

以后,你会觉得非常好玩,而且会让你长时间体验到由衷的喜悦。你甚至常常会独自笑出声来,或极有可能你因这个练习而觉醒。

让我举个例子吧:

刚刚我步行去银行办事,由于人行道上停满了车,我只能行走在马路与人行道的交界处,悠闲地数着步子。一辆高高大大的洒水车从我背后呼啸而来,拼命响喇叭,我没回头,以为是救护车什么的。洒水车越过我时,司机从车窗露出头来,非常大声地冲着我喊:"没听到按喇叭吗?"然后"呼"的一声马路上全部被水浇了。

这时我才意识到刚刚喇叭声是冲我来的,他的大声喊叫也是冲我来的。以前有可能我会有情绪,且在心里想:叫什么叫?洒水不能开慢点吗?

我马上想到了自己制定的"别给任何情境贴标签"这个练习,我便笑了。低头望了一眼鞋子,并未湿。原来司机越过我时停下了一瞬间的洒水。我一路开心,直到银行办事,还在不为人知地偷笑。

＊练习三:拥抱未知

这个练习非常有趣,当你头脑总在思考:"怎么办?"但又没有答案时,请你放下思考,去户外散步,也不做别的,放下"这个怎么办",允许自己不知道。

说起来容易,做起来不那么容易。因为头脑习惯了掌控、定义、概括,装作什么都知道似的,所以它对"不知道"无法忍受。

例如求助者们常问这些问题:我不知道他到底什么心理,

我不知道他们为什么这样对待我，我该怎么办？

问这些问题，没有问题，问题是他们用这些问题反复折磨自己。

请让你的头脑保持不知道！放下必须找到答案的企图，答案或决定便会自动来到。

我通常会这样回应他们：等待答案自己来敲门。

*练习四：留意念头与念头间的空隙

你可以专门用一个小时或两个小时，来练习观察你的念头，或用笔记录下来，尤其是引起了你注意的念头，看看这一个小时里，你被多少个念头抓住，什么样的念头你重复关注它们。但它们只是念头而已！

这个练习的重点是留意观察你的念头与念头之间的空隙，那些空隙是没有思维参与其中的，这些没有思维参与的空隙，就是你的本我，即纯意识，是临在，你将体验到本我的喜悦。

练习得越久，你将体验到越多的喜悦，成了习惯后，你便自然而然地进入当下，最终走向觉醒。

*练习五：难以作决定时，暂不作决定

"让子弹飞一会儿"这句台词可以作为这个练习的口头禅。

当你遇到难以作决定的情境时，丢掉"鱼与熊掌不可兼得；有得必有失；塞翁失马焉知非福……"这一堆嘈杂的声音，"让子弹飞一会儿"。

当然你的头脑是不会让你消停的，会喋喋不休地冲你嚷：

"快点作决定，不然会……你怎么无动于衷；你得赶快想办法；你得阻止……"就好像未知的全掌握在它手里似的，好像听它的指挥就能避免不好的结果似的。

你得非常警觉！真正的智慧不是来自于它。当你放下嘈杂的声音后，进入当下，随心而动，决定会自己来到。如果决定迟迟未来，那么或许意味着作决定的时机未到，继续做这个练习，让决定自己来找到你。

真正的智慧来自你的本我！不是头脑！

问自己这个问题，能帮助你看到出路"这个决定里是否有爱？"

＊练习六：不要抗拒不幸

这里的不幸，是指被头脑思维评判为不好的情境，例如患了致命性疾病、破产、关系破裂等。

一旦遭遇不幸，抗拒会带来更多的压力与阻力，不仅对情境毫无帮助，还将影响身心健康。

不要抗拒，意味着接纳不幸，听起来非常难。

请你亲自尝试以下两个过程。

先做抗拒的练习：你对那个情境说"不，我不要接纳你，坚决与你抗争到底，我必须消灭你！"说完后请感受一下你的身体与心理，是不是很紧张？有很大压力？很愤怒？无法放松？好像很有力量实则很无力？

再做接纳的练习：请你对那个情境说"我接纳你，我允许你与我共存，成为我的一部分。"注意，是真正的接纳，不是

说说而已。然后，再感受一下你的身体与心理，是不是更放松？更有力量？接纳不等于消极，不等于什么也不干，而是顺流而下地创造新的情境。

当你接纳不幸，便会得到不幸之中的礼物——如太阳般无条件照耀着你的一份恩泽。

幸与不幸本是一个整体，就像硬币的两面。

*练习七：放下"放下"

放下"放下"是指比如有很多学生求助我："老师,你说放下,但是我无法放下，怎么办？"

当你无法放下时，就放下你想要放下的企图。允许自己无法放下，不要批评自己"我怎么这么没用，别人能放下，为什么我无法放下？"不要这样做，无法放下不是你的错，只是你还被头脑思维控制着，允许自己仍然被头脑思维控制着，那也是有意义的，比如当你被头脑思维控制到你无法忍受时，你将自动对它说"不，这个当下我要让心作主，不让你（头脑）作主了。"这就是人们常说的"当你痛够了就放得下了"。

放下"放下"是一种臣服，当臣服发生时，你便不再执着于事情必须按你希望的那样发生。

*练习八：自我监控

这个练习是为了帮助你，观察自己一天之中有多少时间在批判、虐待自己。"算了，就吃点剩饭吧，节省点；唉，就这样啦，反正我是个差劲的人；我就是这个命；我是个情绪化的人……"这些都算。

如果你够认真勤劳的话，可以用本子记下来，你会被自己的"成绩"惊呆的。

想象是个摄像头，24小时在监控你的一举一动，而这个摄像头其实就是你的"本我"，也就是你自己的另一双眼睛，让我们叫它"天眼"吧。

建议选择一天，从早上起床到晚上睡前，用你的"天眼"观察并记录下有多少次在批判、虐待自己。你便会发现，世界上最不爱你的，是你自己！

每当这时，请及时叫停！别继续这样对你自己！

这个练习你很熟悉后，再尝试观察你是怎样批判与虐待别人的。有可能你已经不需要这样做了。因为当你改变了对自己的态度，你的世界会因此改变，你对批判、虐待他人已经没有兴趣了。

＊练习九：预演死亡

你根本不知道自己哪天死亡，也没想过死亡到底离自己有多远，好像你还能活很久似的，好像"咔"的一声气绝身亡的事不会发生在你身上似的。所以你每天都不珍惜当下，将所有的注意力用来紧抓过去让你痛苦的事不放，紧抓对未来没来的好的或坏的的担忧不放。

不要等到死亡时才来后悔"我没有活过"。

每天抽出十分钟或更短时间，问自己以下问题：

假设我只能活一天了，我会在仅有的这一天，放下些什么？

为什么不现在放下？我在怕什么？最多就是死！

假设我只能活一天了，有什么是我会感到遗憾的？是什么造成那个遗憾？现在我能为那个遗憾做些什么？

*练习十：当下的练习

这个练习可以随时做，也可以只在有情绪时才做。

例如，你正在吃饭，你便提醒自己：观察吃饭的动作，观察饭与菜的颜色，留意饭菜的温度，感受一口一口饭菜在你口里，慢慢咀嚼的滋味，吞咽的节奏，进到你胃里的感受，总之，你与饭菜全然在一起，你的思维是不工作的。

当你有情绪时，如果有条件可以停下工作的话，找个不被打扰的空间，坐下来，观察自己的呼吸，注意呼吸与呼吸之间的空隙，直到你的呼吸平稳而深长时，观察你的情绪，去感受这些情绪是什么，愤怒？伤心？担心？观察它在你身体的哪个位置，接着，观察是什么念头导致了这个情绪，这一点非常重要！没有念头你便不是有情绪！

当你找到了导致你情绪的这个念头，你看着它，只是看着那个念头，什么也别做，或者你可以告诉自己"这只是个念头"。然后让它来去自由，你像看一朵白云一样，平稳而深长地呼吸，然后你会发现，你平静了下来，你的情绪——能量，重新流动起来。

如果还有情绪，将上述方法，重新进行一次或多次，直到情绪平稳为止。

[实例一]

左右心理/梁春梅

我按照这个"当下的练习"让我的来访者尝试体验一星期。一周后他反馈：

"我过了人生中最好的一周。非常开心，喜悦，比如吃饭时，我就尽情地享受吃饭，脑袋里什么也不想，以前，我吃饭时想这想那，饭是什么滋味也不知道。这一周搞得我土豆吃出了红烧肉的味道。

"练操的时候，我整个人被阳光照着，我的每一个动作都随着阳光那么柔和、温暖……"

＊练习十一：觉察"这是我的"

这个练习是帮你放下执着。因为你常常执着于外在的人、事、物："这是我的身份；这是我的男人/女人；这是我的钱；这是我的权利；这是我的爱情；这是我的团队；这是我的地盘；这是我的生意……"

你也执着于内在，比如："这是我的观点；这是我的情绪；这是我的思想；这是我的创意；这是我的……"

你所有的痛苦与烦恼，都来自于"这是我的"的这份执着。这份执着令你将整个世界与他人都变成了你的对立面。你将体验无尽的烦恼与痛苦。

整个宇宙资源不过是供你使用的，没有什么真正属于你。当你离开这个世界时，你什么也不能带走。

当你习惯性地做这个练习，一发现"这是我的"这个念头，

就笑笑说"这是宇宙的，我可以享用"，将帮助你放下得失心，活在当下，看庭前花开花谢，赏天边云卷云舒。

（二）助人

"为什么要来拨动我的琴弦？"受助者迷茫地问。

想帮助别人，是多么自然而然的需求！

教师想帮助每一位学生；学生想帮助老师；家长想帮助孩子；孩子想帮助家长；伴侣想帮助对方；律师想帮助他的求助者……

有很多人成了专业助人者，比如社工、心理咨询师等等，他们想用爱为这个世界减少、疗愈伤害与痛苦。

无论你是专业助人还是非专业助人，出发点都是带着爱的、崇高的、神圣的。因为每个人的本我都是爱。

然而，如果你没有有意识地活出那个部分，成为"爱的榜样"——超越二元对立的慈悲，你的助人常常只是一种打扰，受助者会困惑："为什么要来拨动我的琴弦？"

超越二元对立的慈悲，是指作为想帮助别人的你自己，不再用头脑为情境贴上"好的或糟糕的；善良的或邪恶的；光明的或黑暗的"等等对立的标签。

例如：

你班上某个学生被你称为"多动症"，此刻将另一位同学打伤了，按照惯性思维，你可能马上为这个情境贴上这些标签："这个讨厌的多动症又给我惹麻烦了，真是糟糕；被打伤的同学真是无辜、倒霉；学校与家长又要找我麻烦了，真是烦死了。"这些标签同时让你处于紧张、烦躁、愤怒等情绪中。你会带上这些消极情绪去帮助、处理那个受伤的学生；接着你烦躁地与"多动症"谈那些千篇一律的话；稍后你可能继续带着这些无意识的思维去与双方家长沟通，去应付学校领导的盘问……

然后你可能在班上警告、提醒全班同学别打架……精疲力竭后，这个情境到此结束了。

那么，你与那两个同学以及全班同学，就错失了一个看到真相的机会。

请看："这个多动症又惹麻烦了，真是糟糕；被打伤的同学真是无辜、倒霉；学校与家长又要找我麻烦了"，你将冲突贴上"糟糕、无辜、倒霉"等标签，你便将打人的同学"判刑"——加害者，将受伤的同学定义为受害者。你没有意识到，全班同学都会口服心不服。因为在他们男生看来，打架是必要的游戏，只是不小心弄伤了别人。

因此，这些来自头脑的标签，是表面的、肤浅的。你没有意识到，也没有帮助同学们意识到：每个生命的本我都是一样的——无法被定义的无善无恶的意识，就像太阳毫无分别、不求回报地照着万物那样，这是真正的慈悲。

假设你意识到了这个真相，你不会将那个打人的情境贴上"糟糕、无辜、倒霉"等标签，你会马上有"我将把他们带回到有意识中"这个想法，然后笑着轻松地处理那个情境。如实际面对双方家长与学校领导的询问或批评。

你会这样与"多动症"的同学展开一场谈话：XX 同学，刚

刚打伤同学，你是什么感受？你想和我说点什么？想和受伤的同学与家长以及你自己的家长说点什么？你想和自己非常有爱的那个部分说点什么呢？……我相信你和我们一样，不是故意想打伤同学，只是不小心。你和我们完全一样，有一个无法被定义的本我，像太阳那样照着万物……

你会有意识地与同学们展开这样的一场对话："亲爱的同学们，我在心里为这个打人的同学贴上'多动症'的标签，是我的不对，他和我们所有人一样，有一个是爱的有做意识的本我，有一个被头脑控制的无意识的自我，当他刚刚打人时，正是处在无意识状态中，才会不小心弄伤了别人，我们每个人处于无意识状态中，都会犯下这样那样的错误……"

如此，全班同学包括作为老师的你自己，以及家长、学校领导们，会如何看待这个打人事件？所有人的心灵将受到怎样的影响？

这便是慈悲。这样的慈悲，允许万事万物如其所是的样子存在着。这样的慈悲，能唤醒那些无意识地自伤、伤人、伤害这个地球的人，从无意识走向有意识。

如此的意识高度，你所到之处，学生以及你周围的人，将自动被你影响。

你根本不用想着去助人，你的存在，便是助人。

[实例一]"我是这样的榜样"

左右心理／邹中香

"邹老师，前几天我班里有个事，想求助你，有个同学丢

了钱，很多同学都反映是那个女同学偷的，她确实平时有偷东西的现象。我找她谈话，她不承认，但感觉她有点心虚。我应该怎么办？"

"当人在犯错误时，一定是出于无意识的，将他们唤回有意识即可。怎样唤呢？将我们自己曾经的无意识下犯的错误分享给学生们，总是非常有效的。

"曾经我当班主任时，有一次我班里也有位同学偷了班里的东西不承认，我就分享了自己曾经偷东西并撒谎的经历：

"读小学一年级的时候，在外面工作的父亲带回了一个用芦苇编织的小篮子，小巧精致极了，我爱不释手，就借故说拔猪草，提着篮子出去了。来到屋后的橘子林，我发现很多树上并无橘子，我以为橘子早就被看林的人摘光了。

"于是我一边拔猪草，一边欣赏着手里的篮子，其实哪里有什么猪草可拔，我只不过是想将篮子据为己有罢了。突然，我发现一棵树上有很多橘子，我叫小伙伴，好多橘子，快来摘，我将橘子往篮里放。

"这时，看林员仿佛从天而降，一秒钟就将我手里的篮子夺去了，说，你个偷橘子的毛贼。

"我站在原地半天没回过神来，羞辱、害怕、无地自容，那个当下，如果有个地缝，我一定马上钻进去，永远也不出来了。更严重的是，我如何交差？如果爸爸妈妈问起这个篮子，怎么办？我感觉天像是要塌下来了。我一边在心里骂自己'你个偷橘子的毛贼'，一边在想'怎么办，怎么面对妈妈那双火眼金睛？'

"同学们听得津津有味，纷纷等不及了，问'后来怎么样了，

快点说快点说'，那个偷东西的同学充满惊奇的眼睛一动不动望着我。

"那天晚上回家后，爸爸妈妈并未问起篮子的事，也没有发现我并没有带猪草回家。很多日子后妈妈自言自语了一句'那个篮子怎么不见了？'我撒谎了，我装作真的不知道的样子，说不知道。

"可是我因那个篮子与那句'你个偷橘子的毛贼'自我折磨了整个小学与初中那么久……

'老师，那个东西是我偷的。'下课后偷东西的同学主动来我办公室承认了错误，交出了东西。"

求助的老师说："哇，真是很好的榜样，受教了。我也要成为这样的榜样，唤醒学生的意识，先让我自己变得有意识。谢谢你。"

[实例二] 让家长成为榜样
萤火虫社工 / 郑宝欣

"宝欣姐姐，我的女儿我实在没法教育了，打也打过，骂也骂过，还是死性不改，天天在学校犯错，今天班主任告诉我，孩子在学校还打了别人，我实在感到很生气，当着班主任面打了女儿一个大巴掌，希望她以后别老犯错。这么小就学人家打架，长大怎么办呀？"单亲妈妈曾女士苦恼地求助我。

"嗯，打人的确解决不了问题，你想帮助女儿，让她能够用更聪明有效的方法解决问题，是吗？"我问道。

"是的，宝欣姐姐，我应该怎样管教我的女儿，她才能改正这个坏习惯呢？"曾妈妈认同地说。

"嗯，想帮助人，首先得让自己成为榜样，否则帮不到人的。请问你是不打人的榜样吗？"我笑问。

"宝欣姐姐，真是不好意思，我是打人的榜样。问题原来出在我自己身上，我差不多天天打她，以为打她就能解决管教孩子的问题，我给孩子起到了不好的影响，让她觉得打架可以解决问题。"曾妈妈一副恍然大悟的样子，有点羞愧地说。

"嗯，你领悟得很好，给孩子创造一个爱、自由、平等的氛围吧，我相信你一定能够做到，孩子其实是来成就父母的天使，每一个孩子都是。你看，孩子通过向你学习去打人这些事，帮助你意识到是自己做了反面的榜样。不过，你能来求助我，这表示你已觉察到自己需要学习，这是很智慧很有效的行为，我为你点赞。以后我们的家长课堂你要多来参与哦。祝福你与孩子。"

"嗯，宝欣姐姐，我向你保证，以后不打了……"她充满坚定地说。

（三）别拯救任何人！

拯救是不会成功的，直到你不需要拯救为止。

拯救，表示你正将别人当成弱者；表示你无法忍受别人正在通过受苦而成长；表示你要剥夺别人受苦的权利。你不会成功的，因为被你拯救的人，会不遗余力地帮你破碎这个幻想。

[实例一]

来访者问："我害怕他自杀，我感觉我几年婚姻一直在拯救他，他老是说负面的话，老是有很多情绪，累死了，现在我不想管了……怎么办？"

我回应她："是的，你和几乎所有的女人一样，试图拯救这个，拯救那个。拯救父母，伴侣，孩子，亲戚的亲戚，朋友的朋友，同事的邻居，陌生人的孙子的小狗……

你以为你的天命就是为拯救别人而来。其实是你无法忍受别人在受苦，有时即便是装的；你无法允许别人通过受苦而成长；你总想剥夺别人受苦的权利……于是，你被'拯救'套牢了，你忙于拯救，很重要似的，像个救火队员毫无自由可言。

刚刚你还在拯救人家两夫妻的关系，转眼别人双双在唱'死了也要爱，不天荒地老不存在……'于是你受伤了。将拯救外面的世界，变成享受，如何？变成欣赏，如何？变成欣赏自己，如何？……"

"嗯，那我怎么办？他老自杀。"

"你自己作主。可以继续拯救，假装能成功；你可以继续被拯救控制；你可以给予对方死的自由；你可以给予对方痛苦空间；你可以毫不在意；你可以忙于欣赏、享受这个世界所有的美好；你可以放弃'我很重要很能干'等幻象……"

……

"老师，我知道怎么做了。"

不拯救任何人，是指在你与他人之间，保留一个空间，在这个空间里，看到他人也与你一样，有一个无意识的创造与体验、受限受苦的部分，即自我；有一个纯意识的存在，无法被定义，超越二元对立的部分，即本我。

在那个空间里，你才能与真正需要你支持的人，平等地分享你的爱与慈悲，而不是拯救。

[实例二] 拯救，将削弱自己与他人的力量
左右心理 / 邹中香

"我很烦，妈妈成了我的心病，她既小气，又不开心，爱唠叨，对什么都不满意，我为此做了很多，精疲力竭了。唉……怎么办？我要如何才能帮到她？"

"哦，你想将她改变成另一个样子，就拯救成功了，是这样吗？"我问。

"是的，感觉我的拯救好像没效果，还把自己搭上了。"

"当然了。你一直在与当下作对，与本来的妈妈作对。你的行为等于在说'妈妈，你是个错误，我必须把你变正确，变成一个完全不是你的你。'"我微笑着说。

"哈哈，老师，难道我不管她吗？我可做不到。"她也笑。

"是的，你当然做不到，放下拯救表示你放下了'我很厉害，很重要，我像救世主一样能拯救妈妈呢'你当然会继续拯救。像真的能成功那样继续精疲力竭地拯救。"

"但是老师，我不想了，太累了。"她无奈地说。

"为了'我很重要，我能拯救别人'，累也值得啊。"我

翻译她的心里话。

"像你刚刚说的，我有点明白了，我在与妈妈作对，与当下作对，我不想再这样了。我想改变。"她坚定地说。

"哦，如果你不拯救了，你会怎样与妈妈互动呢？"我问。

"让她小气、唠叨、抱怨、不开心吧。这真的好难。"担忧又回到了她脸上。

"其实你想拯救的并不是妈妈，而是，你看到妈妈这样时，你心里不舒服，为了你能更舒服，所以你想改变妈妈成为你希望中的那样，你就舒服了，你拯救的是你自己，同意吗？"

"同意，真的是这样的哦。那我怎么办？"

"提升意识！接纳、尊重、爱如实如是的妈妈。你就会看到她的小气、唠叨、抱怨、不开心里，也和你一样，和所有生命一样，有爱，有喜悦，有慈悲……只是因为你忙着在修理妈妈，所以没发现……所以无意识地轻视了妈妈。"

"好的，谢谢老师，我会试着按你说的去做……"

第九章 向自己承诺

（一）选择

向自己承诺：别让头脑为你做选择！

人们常常为选择感到纠结。"我有选择困难症；为什么我总是纠结？我是天秤座，天生爱纠结……"

如果你常常处于无意识中，你将感叹：人生由无数十字路口组成，每个路口都不知选择往哪走。

早餐是喝牛奶还是豆浆呢？牛奶是早上喝还是晚上喝更有营养？吃红薯是剥皮还是不剥皮更能防癌？表扬孩子还是爱只在心里？孩子犯错时打还是不打？赚钱的工作不喜欢，喜欢的工作不赚钱，怎么办？分手太痛苦，不分手也很痛苦，怎么办？自杀下不了手，活着又没理由……

有一个我非常熟悉的人，她的先生几乎每天打她，喝醉后更是她的灾难。她先生打她的方式，是变着法子的，"饭怎么这么稀？故意让我吃不下吗？""嘭"，碗向她头顶飞过来，"你没脑吗？又……"将她绑起来吊着打头；"三天不打上房揭瓦了你？"用笼子关起她，放到水里淹。有一次若不是被人发现，她便毙命了。

我曾经非常想不通，"这个女人哪点都比他强，为什么不选择离开他？他心理变态？他们的孩子如何面对这样的父母？

孩子们对爸爸感到气愤吗？会为妈妈抱不平、伤心、难过吗？他们为孩子们做了怎样的榜样啊？真是造孽……"

我曾经以为是他们选择了这样的处境。就好像他们能意识到自己需要提升意识似的。

然而，他们是处在无意识中的，无法选择的。他们被过去的思维制约，这是大脑的特点，它喜欢已知的、熟悉的东西，对未知的变化的，感到恐惧，所以他们双方虽然都体验到痛苦，但却无法并害怕作出反击、分手等其他选择。

如果这个女人懂得观察自己的头脑思维，她将知道她不等于她的思维与处境，她便能随时回到当下，便有力量作出明智的选择。

这个例子比较极端，而现实中很多不极端的例子，在意识上是一样的，是处于无意识中的。人们的大多数选择，通常来自大脑的恐惧、贪婪——对可能要失去一些好事物的恐惧，或对未来可能会发生的不好状况的恐惧；总想要丢掉过去发生的不好的，或想避免未来可能发生的不好的。

这些出于利益算计的选择，是无意识的，是没有觉醒的选择，如此，无论你选择十字路口的哪一方，都不会有自由。

有意识的选择是：

别让头脑为你做选择！让心来。

当你感到难以选择时：

向自己承诺：无条件地选择回到当下！

如此，"过去"与"未来"的枷锁，便被你打破了。

[实例一] 不做头脑的奴隶

——苏妮红

"……我讨厌放假，讨厌过年。你那么近当然好咯，我那么远，回趟家要好久才到，想想都害怕。我晕车厉害，一想到要回家就纠结。"在北方上学的邱琳抱怨着对我说。

"那你可以选择坐飞机啊！很快就到了，或者在学校那边过年。"我建议道。

邱琳委屈地说："飞机太贵了，比车费贵几倍，还要来来回回地转车，在这里过年肯定不行的。"

"你真够纠结的，你到底想怎么样？"

"我也不知道，好烦，真不知道怎么选择，每次回家都这样，害怕，想逃避。"邱琳唉声叹气地说。

"你不是下个月才回吗？想那么多干吗。"

"是啊！可我控制不住自己的大脑，经常胡思乱想，一想就不可收拾。"

"其他选择你也这样纠结吗？"

她想都不想就说："嗯！经常这样，不知道如何选择，我简直就是大脑的奴隶，没有主见。"

"其实每个人都会有胡思乱想的时候，我也一样，也晕车，曾经我也害怕，想到要坐车，我整夜都睡不好，总有一种晕车的感觉，但现在不担心这些，因为当我出现这种情况时我会让自己静下来，告诉自己'还有很久才回家，何必想那么多，自寻烦恼。'然后我就放下了。"

"你意思是说什么都不要想，等要回家那天再来面对，现

在该上学上学，该吃吃，该喝喝，是这样吗？"

"对呀，当你无法做选择时就别去逼自己，也不要问为什么。不做头脑的奴隶，放下纠结、害怕，静静地听听你的心声，想做什么就去做，不要犹豫，也不要等待，充分活在当下。"

邱琳说："好像明白了，要活在当下，做事用心选择，而不是做头脑的奴隶。"

[实例二] 选择回到当下
左右心理 / 邹中香

"最近烦死了，我从教师岗位上下来有一年了，进入一个比较自由的职业，在这个职位上，待遇也满意，每个月还能赚点外快，比当教师活得更滋润了。可是，一个月前，家里人托关系、送礼，也算是比较过硬的关系吧，就升职了，升为了比较高的副职吧，这样一来，职位是高了，权力也更大了，可是自由没了，外快也没了，只能拿固定的工资，虽然比以前当教师时高，但升职后要去管人，还不能三天两头往外跑，我好后悔，好纠结，怎么办？"求助者郁闷地问。

"其实你纠结这么久了，每个纠结的当下，你都是有答案的，不是吗？"我问。

"是的，你是说我知道自己喜欢的是不升职以前的状态：自由，还能赚外快。但是，我如何向家人、关系人、同事们等等交差呢？难道才升职就提出来不干或辞职？"他问。

"这就看你自己了，若你为了向那些人交差，唯独不向'自己'交差，你就告诉你自己'亲爱的自己，所有的别人都比你重要，所以我决定牺牲你的每个当下。'"

"老师，我知道了……"

[实例三]选择无条件地回到当下

左右心理 / 梁春梅

"如果不是因为孩子，我早就和他离婚了。真的受够了他，瞒着我一再犯错。我很绝望，前两天我喝了洗衣液，死了算了，没死成。你说我该不该和他离婚？"一位家长求助我。

"哦，你希望我替你拿决定？"我望着她。

"看着他那个样子，想到正在读小学的孩子，又不忍心，毕竟他家人对我还不错，不离婚，我对这个婚姻很绝望，我真的不再指望他能改了。"

"嗯，先放下你头脑里这一大堆担心的故事，停下来听听你的心在这个当下正在说什么，好吗？"

"……"

一个月后第二次咨询。"这些年每天担惊受怕，还得和他斗智斗勇，现在这才是真正的我，我为自己做了点事情。我已经离婚了……"

提醒：本案例的目的，并不是在建议、鼓励、提倡离婚，而是支持求助者用自己的力量放下恐惧、让心作主。

（二）别等待

向自己承诺：不等待，享受当下。

请你坚定地向自己承诺：无条件投入当下、享受当下。无论发生什么！

等待，追逐，寻找，改善，来自头脑思维，它为你创造了一个"未来比当下更好"的概念。

小心它将带你无视、浪费、糟蹋一个一个当下！

当然，这并不表示你不可以做计划，例如，你等待着期末被评上特级教师；你梦想着一场浪漫的旅行；你计划明年考个职称；你计划五年内买一栋四房二厅的偏僻一些的房，替换掉现在狭小的你感到不舒服的房；你想六年后拥有一间自己办的学校……

你可以做计划。但别执着于计划必须不能改变，否则当下便有可能成了你想逃离的阻碍你计划达成的"罪魁祸首"。

你会无意识地在一个一个当下，无视你现在不是特级教师的自己；你会将还未启程去旅游的一个一个当下，变成你讨厌的地方；你会将你现在住的房子视为牢房；你会将不是你的学校当成阻碍……

无数的人正在这样干着，你也一直在这么干。

怎么办？情绪是个很好的指路标。当你有情绪时，你要留意，它来自生理，而非头脑，情绪不会骗你，这时你要观察头脑思维，是怎样的念头导致了这个情绪？

例如，你在期待期末被评上特级教师的努力过程中，由于你放弃、错失了一个一个当下，你将感到莫名的焦虑、烦躁，但你没有意识到这是什么原因。你被"未来评上特级教师"的头脑计划控制着，"评上特级教师让我有面子，有价值感，会得到认可，赞美，加薪，不努力就不会成功；不努力那些想要的都不会从天上掉下来……"的恐惧与贪婪，指挥着你付出比平时更多的努力。其实你并不真正地享受这个努力的过程，而只是想要努力带来的那些结果。如果你并不是打心眼里热爱教育事业的话。

"那么我就不做计划，消极地得过且过？每个人都这样的话还有进步吗？社会还会发展吗？"

恰恰相反，当你全然投入当下，享受当下时，你不但不会消极，反而你会更积极，是完全不同品质的积极，是有意识的一种轻松自由，你的这种有意识状态，会让你自己以及与你互动的人、事、物，都变得生机勃勃，每个被你遇到的人、动物、植物，甚至连矿物，都仿佛成了你的稀客贵人，你所到之处，哪里不是爱？

如果人人都这样，社会将会怎样发展？

[实例一] "别等待，当下就享受"
左右心理 / 邹中香

"今年我的工资有七千多了，还算比较满意。最近遇到一个人，也是教师，我有点感觉，感觉我们有共同语言，对方正在追求我。"

　　"祝贺你呀，好好享受你的工资待遇与情感机遇吧。"说完我等待接下来的重点。

　　"是呀，可是我没房，你知道啦，在这里买房我还得存多久的钱？不吃不喝还要二十年买个二室一厅还不一定行。想到这里，就烦死了，唉，我希望明年能涨工资，评上优秀什么的，希望更大一点。我想成为最好的自己吧，呵呵。"

　　"现在的自己不好吗？"我问。

　　"说不上，不知道。"

　　"那你希望的成为最好的自己，是什么样子呢？"

　　"没想过，就觉得自己做得还不够好，所以才拿这么点工资，才买不起房。"

　　"假设你的一生，就一直是这么多工资，一直买不起房，一直是这样的自己，你就不打算享受每个当下了，是这样吗？"

　　"是的吧，听你这一问，好像我在追求未来不要当下似的，哈哈。"

　　"你看，你以前三千块钱一个月，现在翻倍了，仍然不享受，不是白翻了吗？"

　　"就是啊，人总是不知足，所以才烦恼，烦恼都成习惯了。"

　　"是的，人们都这样，为未来而活，总是等待未来怎样怎样了才来享受，对当下视而不见。'等待'是头脑的诡计，一定要时时揭穿它……"

　　"对，别等待，当下就享受，谁知道能享受多久？房子难道比我的心情还重要啊……"

[实例二] "别等待，享受孩子的淘气"

左右心理 / 邹中香

"现在生了二胎，大的这个以前淘气还能容忍，现在我变得不能容忍了，希望他能不这么淘气，我带小的就不会这么累了，唉，等他大了，上初中了，我就可以轻松点了。"一位妈妈焦虑地说。

"那么算笔账啊，现在大的才小学一年级，到初中还要六年，你打算用六年的愁眉苦脸，来等待他不淘气的那天？"我问。

"呵呵，老师你说得对，我没有想到是这样子的。"

"那你还等吗？"

"我应该怎么办呢？在他淘气我又不知道怎么办时？"

"别等，享受孩子的每次淘气。不然以后你想他淘气也没门。实在不知道怎么办时，就问孩子'亲爱的孩子，我非常爱你，当下请告诉我，我应该如何做？'孩子的回答可能让你吃惊呢。如何？"

"嗯，好的……"

后 记

丘芸芸：

在自助一章"观察思维"的练习中，我学会了如何观察我的情绪，以及选择及时回到当下，我明白了有意识地作选择会停止制造心理上的痛苦。

喏！今天早上五点多，老公就带宝宝准备去金钟水库爬山。

"宝宝的尿片在哪儿？"还在熟睡的我突然被他吵醒。"宝宝的尿片你都不知道在哪儿？还是不是他爸？"我嘀咕着，立马对他有情绪，"就在沙发上啊！"我提高音量说。

就在说时，记起了情绪之流那一节，以及自助的练习，我一边观察我的不满情绪，一边观察引起这个不满情绪的思维——"作为一个爸爸，他应该知道尿片在哪儿。"我就笑了，"应该"是在与当下作对，"他一大早就带宝宝去户外玩，还精心准备这些外出物资，作为一个爸爸，很尽责，也很细心啊。"

这是"本我"发出的另外一个声音。

接着躺下来，我睡起了回笼觉。

求助者：

我按照《自助自救》一章中的"当下的练习"做了一周，过了人生中最好的一周。非常开心，喜悦，比如我吃饭时，我就尽情地享受吃饭，脑袋里什么也不想，以前，我吃饭时想这想那，饭是什么滋味也不知道。这一周搞得我土豆吃出了红烧肉的味道。

练操的时候，我整个人被阳光照着，我的每一个动作都随着阳光那么柔和、温暖……

郑宝欣：

在《你是谁》那一节中，我明白每个人都有个无法被定义的"本我"，即意识，是无欲无求的，超越头脑思维的；还有一个负责创造、体验的"自我"，自我是永不满足的，恐惧的，贪婪的。

单是这一节，就让我受益匪浅，令我的工作更加如鱼得水了。

前几天，我们"圩仔·爱"学堂的小红在学校犯错误，被老师勒令停课一天在家写检讨。我联系到了小红的班主任。

班主任说："这个女孩子，几乎天天搞事情，她在女孩子当中算是很不听话的一个，每次犯错她妈妈打了她骂了她，能好几天，就又现原形了，她那种性格暂时改不了了。每个家庭有每个家庭的方式，我不反对打孩子，但也不提倡打孩子，任何一个人都是有两面性的，小红以前的班主任是非常讨厌她的……"

"哦，小红在我们爱学堂表现挺优秀的，低年级的都叫她大姐姐，她喜欢帮助他们，教他们写作业。所以我有点惊讶她在学校的表现竟然是这样的。但是就像老师您所说的那样，她有天使的一面，也有魔鬼的一面，天使的一面，就是我们每个人无法被定义的'本我'，是纯粹的意识；魔鬼的一面，是指被头脑控制的'自我'，当无意识地被头脑控制时，每个人都会做出一些不符合集体规则的行为……"

"嗯，你说的我明白，我能看到她可爱的一面，也能接纳她无意识的行动的一面，有空邀请宝欣姐姐来我们班，给孩子们上上课，领教一下你的魅力吧！"最后老师热情地邀请我。

阮焯坪：

这是一本打破头脑思维枷锁的书。

比如"人们都在等待未来变得更好，好像当下是最应该逃离的地方"，正是这样！我经常活在过去与未来的桎梏中，扼杀了一个一个当下。

我最受影响的是"活在当下，不是回顾过去或者活在未来的幻想之中"，当下便与"真我"融合，就能时常处于没有悲伤的、平静的幸福之中。

真是一本走心之作。我想将它送给有需要的人：爱你所爱；行你所行；听从你心；读《当下教育》，无问西东。

苏妮红：

我对"敢问路在何方"感到迷茫，对将来的工作与生活有莫名的恐惧。

读到《当下教育》，真是有幸，它给了我方向，为我点亮了希望的灯火。

书中讲到，放下过去的不愉快，放下担心、害怕和恐惧，若无法做到放下，那就放下想放下的念头，听从本我，回归到当下，着实打开了我心头的一把锁：我正是时常放不下过去，担忧未来。也许在很多人看来，钱才是真正的财富，以前我也这么认为，有钱就是富人。但我错了，《当下教育》第六章"什么是财富？"让我重新认识了财富："钱是重要，但只是财富的一小部分，真正的财富是无限的自己。我们当下的喜悦、关系、情绪、工作、

爱人、同事等等一切都是财富。当下就是财富，你无法在当下找到不是财富的东西……"仅仅是财富这个观点，就将我从金钱烦恼的枷锁中解救了出来。

我喜欢这本书。

李翠华：

周末，安安静静地坐下来，认认真真地阅读着《当下教育》，居然忘记了吃饭、娱乐、睡觉。对它爱不释手，读完后我充满着力量。我恨不得让所有的人都来读它，任何书都没有让我产生过这种想与很多人分享的冲动。

晚上，我头疼得厉害，半夜三更，老公驾着车，飞快地送我到医院急诊。医生跟我说，头疼的事呀，可大可小，大呢有可能引发脑出血，需要做个脑部 CT 吧。

我傻了：我究竟做错了什么，该死的头疼，为什么是我？老公正在跟医生细谈，我坐在一旁，深叹：真苦命！

突然，"疾病不是你的错，也不是惩罚你"这些文字自动跳入了我脑海，我猛然醒悟：幸福其实很简单，它一直就在我们身边，只是我们缺少幸福的意识。看！当我头疼时，就觉得自己很不幸。当我不头疼时，觉得没有什么可以值得庆祝的。

提升意识，才是活着最重要的任务啊！《当下教育》每一章节都在提升意识。

郑美婷：

作为教育者，作为父母，从来没有人给予我一本教育手册，一步一步指导如何自我教育，如何教育孩子。

怎样的教育才能培养一个好孩子？什么是好孩子？我带着这些求"术"的思想来阅读这本书，我期望找到我要的答案。没想到一开始，便粉碎了我的理想："每个当下（教育与自我教育时），在力所能及的范围内，支持自己、学生，做有益于生命的、真实的自己，做到极致，对结果零期待。"原来这不是一本关于答案的书。它关于"道"，"道"就是答案。

是啊，为什么要把孩子当成泥人一样去塑造，把本就是独立鲜活的个体雕刻成千篇一律的木偶？关注当下，享受当下，拥抱当下，不是最好的自己吗？不是最好的孩子吗？我再也不要纠结过去，担忧未来。

邹四香：

《当下教育》里面每一章，都深深吸引我，百读不厌。它帮助我看到自己一步一步地成长。我是最早加入萤火虫社工团队的，算是元老了，我见证着团队的诞生、成长、低谷、高潮，直至慢慢成熟，《当下教育》可以说是团队的心路历程的写照，是团队集体智慧的结晶。

例如"有情绪不是你的错"一节，仅仅是这个标题，直接就拿掉了我的无能、失败感，我以前总是觉得我的情绪是个错误，我有情绪是因为我无用。里面的案例与后面的自助练习，读来总是让我热泪盈眶。

张少媚：

《当下教育》是萤火虫社工、左右心理团队几年来心血与智慧的结晶；是团队集体意识提升的结晶；汇聚了教育理念、人生哲学、自助助人、道德人性等精华；呈现了教育与自我教育之路的普遍困惑与解决之道。像一股清澈的山泉，涤荡一路尘嚣。越读越感到接地气，心灵被猛烈撞击。

提升意识的每个细节，例如"助人"的章节中说道：帮助别人，是每个人的自然而正常的需求，但是怎样才能真正且有效地帮助别人？——成为活在当下的榜样……都帮助我重新认识自己和重新认识助人专业，调整了工作思路。

自助章节的练习，帮助我从那些脱离当下的思维中及时回来。丰盛且无处不在！